Taschenbücher für die Wirtschaft

Nr. 3

Taschenbuch für Führungstechnik

von

Prof. Dr. Ernst Zander

Hamburg

6., überarbeitete und erweiterte Auflage 1982

Mit 23 Abbildungen

I. H. Sauer-Verlag GmbH · Heidelberg

1. Auflage 1965
2. Auflage 1966
3. Auflage 1970
4. Auflage 1973
5. Auflage 1977
6. Auflage 1982
(24. bis 27. Tausend)

CIP-Kurztitelaufnahme der Deutschen Bibliothek

Zander, Ernst:
Taschenbuch für Führungstechnik / von Ernst Zander. – 6., überarb. u. erw. Aufl., 24.-27. Tsd. – Heidelberg : Sauer, 1982.
(Taschenbücher für die Wirtschaft ; Nr. 3)
ISBN 3-7938-7684-5
NE: GT

ISBN 3-7938-7684-5

Gesamtherstellung: Buch- und Offsetdruckerei Decker & Wilhelm, 6056 Heusenstamm b. Offenbach a. M.

Printed in Germany

Vorwort zur 6. Auflage

Mittlerweile sind Fragen der Führung und Zusammenarbeit für jeden Vorgesetzten und Mitarbeiter im betrieblichen Alltag immer wichtiger geworden. Viele Mitarbeiter sind freier und selbstbewußter geworden. Sie nehmen Entscheidungen nicht widerspruchslos hin und beanspruchen in größerem Maße als früher eigene Entscheidungsspielräume. Deshalb kommt den Führungstechniken besondere Bedeutung zu.

Die 6. Auflage berücksichtigt den neuesten Stand der Entwicklung. Zu ihr gehört auch die nicht zuletzt in den Vereinigten Staaten wachsende Erkenntnis, daß Erfahrung und unternehmerische Weitsicht ein solideres Fundament für den Erfolg bieten als das modische Übermaß an oft aussagelosen Kennzahlen.

Neu eingefügt wurden zwei Problembereiche, die an Bedeutung gewonnen haben: Die der Jugendlichen und der Frauen. Das neue Gleichbehandlungsgesetz rückt erneut deutlich die Bedeutung einer Mitarbeiterführung in den Vordergrund, die sich strikt an den Prinzipien gleicher Behandlung von Männern und Frauen im Arbeitsleben orientiert.

Möge die neue Auflage nicht zuletzt auch in diesem Zusammenhang das Verständnis für die Notwendigkeit zur Führung vertiefen und Wege aufzeigen, wie Führungsfragen entsprechend den Unternehmenszielen und den Bedürfnissen der Mitarbeiter zu behandeln sind.

Bedanken möchte ich mich wieder bei den Lesern, die Anregungen gaben, und bei Dr. Helmut Glaubrecht, Dr. Peter Schneider und Dr. Dieter Wagner, die mich bei der Überarbeitung sehr unterstützten.

Hamburg, im Oktober 1981

Ernst Zander

Auszug aus dem Vorwort zur 1. Auflage

Als der Verlag den Titel „Taschenbuch für Führungstechnik" vorschlug, kamen mir zunächst Zweifel, ob die Absicht eines solchen Buches – nämlich Vorgesetzte bei der Führung ihrer Mitarbeiter zu unterstützen – in der Form eines Taschenbuches überhaupt zu verwirklichen sei. Wieweit es gelungen ist, mögen die Leser entscheiden.

Vielleicht mag der Begriff „Führungstechnik" zu Mißverständnissen verleiten. Zu den hier beschriebenen Grundsätzen und Möglichkeiten der Personalführung möchte ich besonders betonen, wie wichtig die Haltung des Vorgesetzten zu diesen Fragen ist und wie sehr es auf charakterliche Voraussetzung ankommt. Erst dann wird es möglich sein, die erlernbaren Methoden der Führung sinnvoll und zum Nutzen der Mitarbeiter anzuwenden und Führungstechnik nicht als Vermittlung von Tricks anzusehen.

Um den Umfang eines Taschenbuches nicht zu sprengen, mußte auf die Behandlung einiger Themen, die in anderen Veröffentlichungen des Verfassers zu finden sind, verzichtet werden.

Auszug aus dem Vorwort zur 5. Auflage

In der Rezession 1975/76 ist wieder einmal deutlich geworden, wie schwierig das Führen ist. Die Vorgesetzten müssen die fachlichen Aufgaben lösen und ihre Mitarbeiter zu guten Leistungen anspornen, obwohl das Leistungsprinzip – meist aus Unkenntnis der Folgen – heute teils in Frage gestellt wird. Das neue Betriebsverfassungsgesetz stellt weitere Anforderungen, und auch die Kritik am Wirtschaftssystem verstärkt sich. Das macht viele unsicher.

Inhaltsverzeichnis

Verzeichnis der Abbildungen

Kapitel I

Rückblick und Gegenwart

„Eine wesentliche Voraussetzung zur Führung ist Mut: die Kühnheit, die Bürde und das Risiko der Entscheidung bereitwillig auf sich zu nehmen, verbunden mit dem Mut, in einer vielleicht einsamen und unpopulären Haltung auszuharren, wenn die Entscheidung einmal getroffen ist. Dieser Mut entstammt der inneren Überzeugung. Er ist eine besondere Eigenschaft, die auch einschließt, daß man, wie auch immer der Ausgang sein mag, bekennt: Ich habe das getan, ich bin verantwortlich."

Harold W. Dodds

In der Praxis des Wirtschaftslebens hat sich in den letzten 25 Jahren die Meinung durchgesetzt, daß jeder Vorgesetzte eigentlich zwei gleichwertige Aufgaben zu erfüllen hat: Er muß seine Mitarbeiter führen und selbst Sachaufgaben erledigen. Führungsaufgaben sollten als „Arbeit" anerkannt und bewertet werden. Daraus ergab sich aber auch, daß man Führungskräfte auf diese Aufgaben vorbereiten mußte. Management-Schulen entstanden auf privater Basis. Sie entwickelten Modelle, Systeme oder Methoden, die aus dem Anglo-Amerikanischen, dem Militärwesen oder aus der Betriebswirtschaftslehre übernommen wurden. Ein Schulungsboom setzte ein. Trotzdem muß man feststellen, daß es bis heute keine verbindliche Ausbildung zum Vorgesetzten gibt. Bei der Auswahl von Führungskräften spielen fachliche Kenntnisse eine weit größere Rolle als das Führungswissen.

Besonders ältere Vorgesetzte werfen immer wieder ein, die richtige Führung sei Veranlagungssache und hänge im übrigen von den persönlichen Erfahrungen ab. Wer Fehler mache und daraus lerne, sie zu vermeiden, werde im Laufe der Jahre schon ein guter Vorgesetzter werden.

Tatsächlich aber gibt es viele Dinge im Leben, die manche durch oft sehr bittere Erfahrungen lernen müssen, weil sie den Ratschlägen und Hinweisen anderer nicht glauben wollen oder können. Sicherlich wird sich sehr vieles aus Erfahrungen lernen lassen, doch ist das sehr langwierig und kostspielig. Stellen wir uns vor, ein Arzt würde ohne systematische Weiterbildung, nur aus Erfahrung, behandeln. Wie viele Patienten müßten unter seinen mangelnden Kenntnissen leiden, bevor er ausreichend Erfahrungen gesammelt hätte. Wie langsam wäre der ärztliche Fortschritt!

Aus dem technischen Bereich sei gleichfalls ein Beispiel zu bedenken gegeben. Ein Ingenieur in den mittleren Jahren hat während seiner Ausbildung nichts über Mikroprozessoren lernen können. Wenn er sich hierin nicht systematisch weiterbildet, wird er trotz aller Erfahrungen auf dem Wissensstand stehenbleiben, den er mit Abschluß seines Studiums erreichte. Er ist also nur noch für gewisse Aufgaben brauchbar, denn keine Firma kann es sich leisten, ihn zum Sammeln von Erfahrungen in der Mikroprozessorentechnik einzusetzen.

a) Voraussetzungen zum Führen

Schulung in Führungsfragen allein macht aber noch keinen guten Vorgesetzten aus. Neben dem Wissen muß er verschiedene andere Voraussetzungen erfüllen. Ein Dirigent muß selbstverständlich musikalisch sein, um seine „Mitarbeiter" zu guten Leistungen führen zu können. Von einer guten Führungskraft werden neben der fachlichen Eignung vor allen Dingen Verantwortungsfreude, Organisationsvermögen und Menschenkenntnis erwartet.

Zahlreiche Untersuchungen haben ergeben, daß Führungswissen sehr wichtig zu nehmen ist. Je mehr Menschen einem Vorgesetzten anvertraut sind, desto höher werden die Anforderungen an seine Fähigkeit, sie richtig behandeln zu können. Die eigentlichen Fachkenntnisse treten demgegenüber zurück. Bei mittleren Führungskräften ist man allgemein der Ansicht, daß die Fähigkeit zur Menschenführung schon 50% der notwendigen Eigenschaften ausmachen.

Hin und wieder werden durch falsche Auswahl gute Facharbeiter zu schlechten Meistern befördert. Damit tut man weder dem neuen Vorgesetzten selbst noch den Mitarbeitern oder dem Unternehmen einen Gefallen; denn gute Fachkenntnisse allein ergeben noch lange keinen guten Vorgesetzten.

Die Schulung von Führungskräften in der Behandlung ihrer Mitarbeiter soll auf die betriebliche Praxis abgestellt sein, alle Erkenntnisse der Betriebspädagogik und Arbeitspsychologie berücksichtigen und langjährige Erfahrungen auf diesem Gebiet auswerten. Die Wissenschaftszweige, die sich mit Führungsfragen befassen, fristen bei uns in Deutschland leider noch ein bescheidenes Dasein.

b) Aus zwei Jahrtausenden

Diesem Taschenbuch liegen neben arbeitswissenschaftlichen Erkenntnissen auch die Erfahrungen vieler Führungskräfte zugrunde. Wie wenig die Menschheit in den letzten Jahrhunderten dazugelernt hat, möge eine Arbeitsordnung aus dem 19. Jahrhundert zeigen, die sich deutlich von den ebenfalls zitierten Menschenführungsgrundsätzen des 6. Jahrhunderts abhebt.

Sehr oft wird das zurückliegende Jahrhundert als Zeitalter des Patriarchalismus bezeichnet. Wie die patriarchalische Haltung damals aussah, zeigt der Auszug aus einer Arbeitsordnung für Londoner Angestellte aus dem Jahre 1870:

> „Privatunterhaltungen während der Dienstzeit sind grundsätzlich unerwünscht. Die regelmäßige Arbeitszeit beträgt 12 Stunden. Wenn es die Arbeit erfordert, muß jeder Commis ohne Aufforderung Überstunden machen.
>
> Angestellte, die sich politisch betätigen, werden fristlos entlassen.

Es wird erwartet, daß sich der Angestellte übermäßigem Tabak- und Alkoholgenuß enthält.

Ladys und hochgestellten Persönlichkeiten ist anständig zu begegnen.

Als Lektüre wird vor allem die Bibel empfohlen, jedoch sind auch andere Bücher erlaubt, sofern sie sittlich einwandfrei sind.

Jeder Angestellte hat die Pflicht, für die Erhaltung seiner Gesundheit zu sorgen. Kranke Angestellte erhalten keinen Lohn. Deshalb sollte jeder verantwortungsbewußte Commis von seinem Lohn eine gewisse Summe zurücklegen.

Ein Angestellter darf sich nicht irren. Wer es mehrmals tut, wird entlassen.

Wer dem Chef widerspricht, zeigt damit, daß er vor dem Prinzipal keinen Respekt empfindet. Daraus ergeben sich Konsequenzen. Weibliche Angestellte haben sich eines frommen Lebenswandels zu befleißigen.

Ferien gibt es nur in dringenden, familiären Fällen. Lohn wird während dieser Zeit nicht gezahlt.

Denken Sie immer daran: Tausende wären sofort bereit, Ihren Arbeitsplatz einzunehmen.

Und vergessen Sie nicht, daß Sie Ihrem Prinzipal Dank schulden. Er ernährt Sie schließlich!“

Natürlich hatte die fürsorgende Einstellung des Chefs auch ihre guten Seiten. Da die staatliche Sozialgesetzgebung gar nicht oder nur unzureichend bestand und viele Menschen auf die Hilfe anderer angewiesen waren, füllte der Patriarch eine große Lücke. Als unangenehm erscheint dabei, daß er den Mitarbeiter wie ein großes Kind behandelte. Er nahm ihm die Verantwortung ab, die er selbst zu tragen durchaus fähig war. Gewisse gönnerhafte Formen dieser Haltung gibt es auch heute noch.

Führungsgrundsätze, wie sie gegenwärtig aktuell sind, hat dagegen schon der Heilige Benedikt entworfen und praktiziert.

Obwohl die Mönchsregel[1] aus dem 6. Jahrhundert stammt, hat sie sich bis heute fast unverändert erhalten.

Über geltende Gleichberechtigungsgrundsätze wird folgendes in Kapitel 2 vom Mönch verlangt:

> „Er mache im Kloster keinen Unterschied der Person. Er liebe den einen nicht mehr als den anderen, außer er fände bei ihm einen höheren Grad von Tugend und Gehorsam. Ein Freigeborener habe keinen Vorrang vor einem, der aus unfreiem Stand ins Kloster kommt, wenn nicht sonst ein vernünftiger Grund vorliegt."

Wie schwierig Menschenführung ist, hat der Hl. Benedikt schon damals erkannt. Er schreibt:

> „Der Abt bedenke immer, was er ist, bedenke, was sein Name sagt, und wisse, wem mehr anvertraut ist, dem wird auch mehr abgefordert. Er halte sich gegenwärtig, wie schwierig und dornenvoll die Aufgabe ist, die er übernommen hat, Seelen zu leiten und der Eigenart vieler gerecht zu werden. Auf den einen wirke er mit Güte, auf den anderen mit Tadel, auf einen dritten mit Zureden ein. Nach Veranlagung und Fassungskraft eines jeden passe und schmiege er sich allein so an, daß er nicht nur keinen Verlust erleide an der ihm anvertrauten Herde, sondern sich auch am Wachstum der guten Herde erfreuen könne."

Im Kapitel 3 finden wir einiges zum Thema Mitdenken und Mitarbeiten:

> „Wenn im Kloster eine wichtige Angelegenheit zu entscheiden ist, rufe der Abt alle Brüder zusammen und teile mit, um was es sich handelt. Hat er den Rat der Brüder vernommen, so überlege er bei sich und tue dann, was er für zuträglich hält. Daß alle zur Beratung gerufen werden, bestimmen wir deshalb, weil der Herr oft einem jüngeren eingibt, was besser ist."

---

[1] Die Mönchsregel des heiligen Benedikt, übersetzt von *P. Puis Bihlmeyer* O.S.B., Beuron 1922.

Daß diese uns zeitgemäß erscheinende Einstellung auch in anderen Jahrhunderten nicht unbekannt war, mögen Äußerungen von Kaiser Claudius und Friedrich dem Großen zeigen. So soll Kaiser Claudius gesagt haben:

> „Vor allem kam es mir darauf an, das Verantwortungsgefühl jedes Beamten, jedes meiner Untertanen zu stärken. Das tat ich nicht nur, um einen zuverlässigen Regierungsapparat zu bekommen, sondern nach meiner Beobachtung bedeuten Stärken und Mehren der Verantwortung auch erhöhte Leistung.“

Von dem Preußen-König sind folgende Worte überliefert:

> „Ich habe ihn zum General gemacht, damit er weiß, wann er nicht zu gehorchen hat.“

c) Gegenwärtiger Entwicklungsstand

Wie heute die Ansichten über Fragen der Mitarbeiterbehandlung sind, mag das Ergebnis einer Umfrage zeigen. Im Rahmen einer Ausbildung für mittlere Führungskräfte ergab die Frage, auf welche Mißstände im Betrieb der Mitarbeiter besonders kritisch reagiere, nach der Häufigkeit der Antworten folgende Punkte:

1. Mangelnde Aufstiegsmöglichkeiten
2. Mangelnde Information
3. Ungerechte Bezahlung
4. Schlechtes Betriebsklima
5. Ungenügende soziale Einrichtungen.

Die gleichen Vorgesetzten, die aus sehr unterschiedlichen Unternehmen stammten, beantworteten die Frage, welche Schwierigkeiten sie nach Abschluß ihrer Ausbildung und Rückkehr in den alten Betrieb erwarteten, nach einer anderen Reihenfolge:

1. Spannung mit den älteren Kollegen
2. Schlechtes Betriebsklima
3. Behandlung und Beurteilung der Mitarbeiter

4. Ungenügende Kenntnisse im neuen Bereich
5. Gespanntes Verhältnis zwischen „Oben" und „Unten".

Mit der Ausdehnung der Unternehmen haben sich manche Fragen der Personalführung geändert. Die Unternehmensspitze hat nicht mehr die ausschließliche Entscheidungsgewalt. Umfang und Schwierigkeit der Arbeit machen es nötig, viele Befugnisse zu delegieren und Mitarbeiter selbstverantwortlich einzusetzen. An die Stelle des Betriebseigentümers trat eine neue Führungsgruppe. Eingesetzt vom Besitzer oder den oftmals anonym bleibenden Aktionären, werden diese neuen Führungskräfte nicht durch Tradition oder Besitz bestimmt, sondern durch ihre Leistung, durch ihre Fähigkeit, Menschen zu führen.

Auf der Seite der Arbeitnehmer wandelte sich ebenfalls das Verhältnis zu den Vorgesetzten. Demokratische Prinzipien haben Eingang in die Wirtschaft gefunden. Die Arbeitnehmer wurden selbstbewußter und einflußreicher. Sie verlangen nun, der veränderten Situation entsprechend behandelt zu werden. Mit Recht weisen sie auf das Idealbild des verantwortungsbewußten Staatsbürgers hin, ohne dessen Kritik und Mitwirkung unser heutiges gesellschaftliches Leben undenkbar wäre.

In der Wirtschaft stehen sich Kapital und Arbeit gegenüber. Davon geht auch das Betriebsverfassungsgesetz von 1972 (BetrVG) aus. Die seit der Frühgeschichte der industriellen Entwicklung bestehende Konfliktsituation der Gruppen soll nicht „verkleistert" werden. Das BetrVG berücksichtigt die Erkenntnis aus zwanzig Jahren Erfahrung mit dem BetrVG 52 und verschafft der Arbeitnehmerschaft eine entsprechende Stellung neben Unternehmensführung und Kapitaleigner.

Die Sachverständigenkommission zur Prüfung der Mitbestimmungsfrage in der Wirtschaft sagt dazu u. a.[2], erst wenn der Arbeitnehmer auch an seinem Arbeitsplatz als verantwortliche, selbstbestimmte Persönlichkeit anerkannt werde, sei seine Menschenwürde gewahrt. Die Objektstellung müsse sich zur Subjektstellung wandeln. Nur die Achtung der üblichen Grundnormen

[2] Bundestagsdrucksache IV/334, Bonn, 4. Febr. 1970.

auch im wirtschaftlichen Bereich könne die Integration des Arbeitnehmers in Wirtschaft und Gesellschaft bewirken.

Ein vorzügliches Mittel, die Betriebswirklichkeit dieser Zielsetzung der Gesetzgebung anzunähern, ist ein fortschrittlicher Führungsstil, der an die Stelle überholter Führungsformen ein kooperatives Miteinander mit Entscheidungsbefugnis und eigener Verantwortung in allen Führungs- und Mitarbeiterebenen setzt.

Dies in seinem unmittelbaren Bereich zu vollziehen und dabei die in § 75 BetrVG bestimmten „Grundsätze für die Behandlung der Betriebsangehörigen“ nach „den Grundsätzen von Recht und Billigkeit“ zu garantieren, ist eine der wichtigsten Aufgaben aller mit Führungsaufgaben betrauten Vorgesetzten[3]. So können später nur schwer reparable Fehler mit nachteiliger Wirkung auf Arbeitsablauf und Betriebsklima schon im Ansatz vermieden werden.

Beeinflußt von den verschiedenen Wandlungsprozessen hat sich das herkömmliche Bild der Arbeit geändert. Während die körperliche Schwerarbeit in den Hintergrund tritt und Erschwernisse immer mehr ausgeschaltet werden, erhöhen sich die geistige Belastung und die Verantwortlichkeit. Da die Leistung des einzelnen oft nicht mehr nach Menge und Güte zu messen ist, muß sich zwangsläufig auch die Form der Anweisung und der Kontrolle ändern. Dies gilt in der Produktion wie in der Verwaltung. Erschwerend kommt für die Vorgesetzten hinzu, daß sie auf viele beratende Stellen hören müssen und nicht mehr intuitiv, sondern erst nach Abwägung aller Gesichtspunkte Entscheidungen treffen können. Dadurch können sie zum Prellbock zwischen Mitarbeitern und Unternehmensleitung werden, die beide an ihnen ihren Ärger abreagieren. Die Einbeziehung der Bedingungen anderer Betriebsbereiche in die Entscheidungsüberlegungen ist aber im Sinne des Ganzen durchaus erforderlich. Weitsichtige fördern deshalb heute wieder das Systemdenken, um den Gefahren der zu starken Divisionalisierung zu begegnen.

---

[3] *Glaubrecht/Halberstadt/Zander*: Betriebsverfassung (Loseblatt-Sammlung), Freiburg 1977.

Als der Verfasser vor Jahren einem Unternehmer, der lange Zeit viele Mitarbeiter geführt hatte, seine Ansichten zur Führung der Mitarbeiter darlegte, erhielt er folgende Antwort: „Mit solchen Mätzchen können Sie keinen Schichtbetrieb leiten. Nehmen Sie sich die Seefahrt als Beispiel. Dort kann der Kapitän einen widerspenstigen Seemann in Ketten legen. Auf einem Schiff parieren alle, und der Betrieb läuft gut."

War oder ist dies wirklich so? Diese Frage war damals für die zukünftige Arbeit so wichtig, daß eine Fahrt mit einem Frachter zur Klärung nötig erschien. Dabei ließ sich feststellen: Der Kapitän und die übrigen Führungskräfte haben die gleichen Sorgen wie ihre Kollegen an Land. Sie bemühen sich in ähnlicher Weise, der schwierigen Führungsprobleme Herr zu werden, und sehen im Matrosen einen Mitarbeiter, keinen Befehlsempfänger. Besonders in der Seefahrt und im Bergbau haben sich in den letzten Jahren die Führungsformen verändert, wie manche Leser bestätigen werden. Das ist nicht nur auf den Arbeitskräftemangel, sondern auch auf den Wandel der Technik und auf die neuen Erkenntnisse der Arbeitswissenschaft zurückzuführen.

Ein Wandel ist auch in den Strukturen und Zielsetzungen der Unternehmen festzustellen. Statt kurzfristigen Umsatzzuwachs, konstanten Ordnungskriterien, Stabilität und Planung hinsichtlich geringer Störungen sieht der „Chancenmanager" seine Schwerpunkte im langfristigen Bewältigen des Strukturwandels sowie im stärkeren Berücksichtigen der gesellschaftlichen, politischen und sozialen Umwelt. Er sieht jede – auch unerwartete – Änderung als Chance, mit neuen Ideen Vorteile zu erzielen, beachtet aber auch verstärkt die neue Bewertung der Umweltbedingungen und die Wertvorstellungen der Mitarbeiter[4].

Diese Erkenntnisse und die Erfahrungen vieler Vorgesetzter können den jungen Führungskräften das Verständnis vermitteln, das sie für den Umgang mit ihren Mitarbeitern benötigen.

---

[4] Vgl. auch *Bleicher, K.*: Unternehmensentwicklung und organisatorische Gestaltung, Stuttgart 1979, S. 65.

Führen kann, wenn gewisse Voraussetzungen erfüllt sind, erlernt werden. Führungsformen wandeln sich. Die meisten heute verwandten Führungstechniken sind jedoch nicht grundsätzlich neu. Sie wurden im folgenden nur zeitgemäß zusammengestellt und erläutert. Entscheidend für die Eignung zum Vorgesetzten sind und bleiben u. a. Verantwortungsfreude, Organisationsvermögen und Menschenkenntnis.

Kapitel II

Personalplanung und Personaleinsatz

„Planung ist jede Einrichtung auf einen Zweck hin. Insofern gehört Planung zu unserem menschlichen Dasein von jeher. Planlos nach Instinkt leben die Tiere.“

Karl Jaspers

Pläne für reibungslose Arbeitsabläufe, für billigere Produktionsverfahren oder kostensparende Anlagen werden fast überall aufgestellt und mit mehr oder weniger Erfolg verwirklicht. Was aber veranlaßte die Unternehmen in den letzten Jahren, sich verstärkt mit Fragen des Personaleinsatzes zu beschäftigen und sich mehr als früher den Problemen der optimalen Stellenbesetzung zuzuwenden?

Schwierigere Marktbedingungen und das Ansteigen der Betriebs- und Lohnkosten zwingen viele Unternehmen, ihre Personalaufwendungen sorgfältiger zu kontrollieren und vorauszuplanen.

Ein weiterer Grund für das steigende Interesse an Personalfragen ist in der technischen Entwicklung zu sehen, die zu höheren Investitionen führt und damit auch die Kosten pro Arbeitsplatz ansteigen läßt. Jedes Unternehmen wird sich also genau überlegen, welche Mitarbeiter es wo einsetzt, und auch aus diesem Grunde eine systematische Personalplanung durchführen. Einige Beispiele von Investitionen für einen Arbeitsplatz zeigen auf der einen Seite deutlich die Kapitalintensität unserer Wirtschaft, andererseits erklären sie aber, warum die Unternehmensleitungen so intensiv nach der optimalen Besetzung eines Arbeitsplatzes streben.

Auch die Abkehr von der autoritären Führungsform, die im Menschen nur einen Teil der Produktion sieht, und die Hinwendung zum Gedanken der Partnerschaft führten dazu, daß man sich intensiver bemüht, die Arbeitnehmer entsprechend

Abbildung 1:

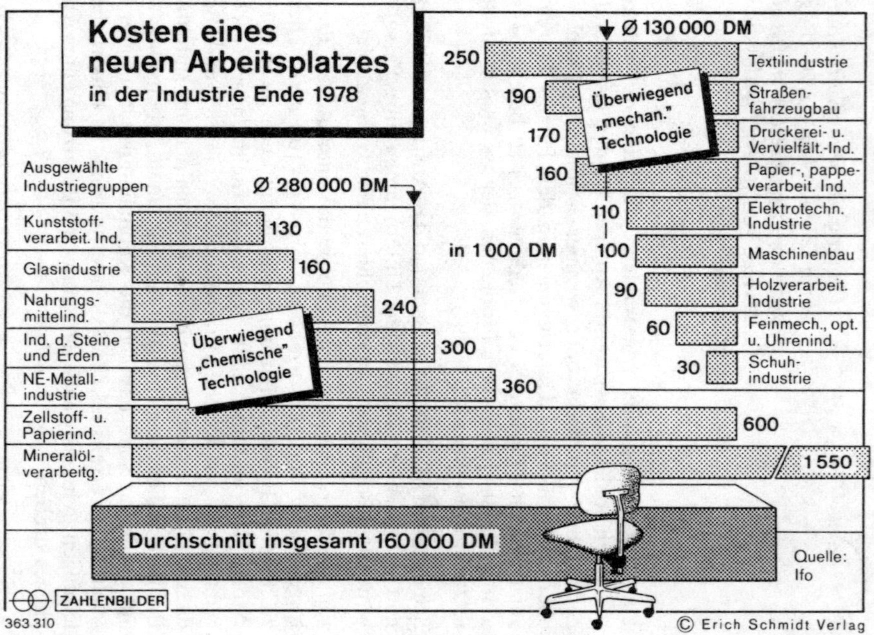
Kosten eines
neuen Arbeitsplatzes
in der Industrie Ende 1978
Ausgewählte Industriegruppen
Ø 280 000 DM
Ø 130 000 DM
in 1 000 DM
Kunststoffverarbeit. Ind. 130
Glasindustrie 160
Nahrungsmittelind. 240
Ind. d. Steine und Erden 300
NE-Metallindustrie 360
Zellstoff- u. Papierind. 600
Mineralölverarbeitg. 1 550
Überwiegend „chemische" Technologie
250 Textilindustrie
190 Straßenfahrzeugbau
170 Druckerei- u. Vervielfält.-Ind.
160 Papier-, pappeverarbeit. Ind.
110 Elektrotechn. Industrie
100 Maschinenbau
90 Holzverarbeit. Industrie
60 Feinmech., opt. u. Uhrenind.
30 Schuhindustrie
Überwiegend „mechan." Technologie
Durchschnitt insgesamt 160 000 DM
Quelle: Ifo
ZAHLENBILDER
363 310
© Erich Schmidt Verlag

ihrer Ausbildung und Erfahrung einzusetzen, um dem Ziel des „richtigen Mannes am richtigen Platz“ näherzukommen.

Früher, und in einigen Bereichen vielleicht auch heute noch, genügte es, wenn Arbeitskräfte in ausreichender Zahl vorhanden waren, ihre Qualifikation wurde erst in zweiter Linie beachtet. Mit der technischen Entwicklung steigen die Anforderungen an den Arbeitnehmer jedoch ständig. Man kann also heute Mitarbeiter nicht ohne gründliche Ausbildung einstellen und sie schon nach kurzer Zeit an ihrem Arbeitsplatz verantwortlich einsetzen.

Nun befaßt sich die Personalplanung natürlich nicht nur mit der Anwerbung neuer Arbeitskräfte. Auch bereits vorhandene Mitarbeiter sollen bestmöglich eingesetzt werden, damit sie weder überfordert werden noch für ihren Arbeitsplatz zu gut ausgebildet sind. Nicht selten geschieht es, daß auf Grund von Produktions- oder Verfahrensumstellungen Mitarbeiter einer bestimmten Qualifikation freigestellt werden und kaum zu versetzen sind, obwohl Arbeitskräfte an anderen Stellen des Betriebes fehlen. Diese Verlagerung der Anforderungen erschwert die Personalplanung, erfordert eine enge Zusammenarbeit der Personalabteilung mit allen Bereichen des Unternehmens, die Arbeitsabläufe und Organisation beeinflussen. Nicht selten sind Umschulungsmaßnahmen notwendig.

Die „Qualifikation“ soll hier nicht nur im Sinne einer praktischen oder theoretischen Ausbildung verstanden werden. Auch eine harmonische Zusammensetzung der Belegschaft gehört dazu, so zum Beispiel ein organischer Altersaufbau im Unternehmen.

In Fragen der Personalplanung steht dem Betriebsrat ein Unterrichtungs- und Beratungsrecht zu, er kann Vorschläge für die Einführung und Durchführung der Personalplanung machen (§ 92 BetrVG) – und die Ausschreibung bestimmter oder auch aller Arbeitsplätze verlangen, die zu besetzen sind (§ 93 BetrVG)[5].

Personalplanung, Personaleinsatz und Weiterbildung sind Aufgaben des Personalwesens, sie haben bei allen personellen Ein-

[5] Anhang IV: Übersicht d. Beteiligungsrechte n. d. BetrVG 72.

zelmaßnahmen die vereinbarten Richtlinien und Grundsätze zu beachten und für rechtzeitige Information aller Beteiligten Sorge zu tragen[6]. Natürlich wird man bei der Besetzung bestimmter Arbeitsplätze und der Auswahl geeigneter Kandidaten (siehe auch Abs. c) – auch für Bildungsmaßnahmen – im einzelnen nicht auf die Mithilfe des direkten Vorgesetzten verzichten können.

a) Planungsmaßstäbe

Um die Planung auf dem Gebiet des Personaleinsatzes systematisch und langfristig durchführen zu können, sind verschiedene Methoden und Richtlinien entwickelt worden. Auch wenn Ihr Bereich klein sein sollte, gibt es für Sie zahlreiche Möglichkeiten, sich dieser Methoden zu bedienen und sich eine Vorstellung über die Wirtschaftlichkeit und Entwicklung Ihres Tätigkeitsbereiches zu machen. Eine häufig genannte Methode sind die sogenannten Kennzahlen für die Wirtschaftlichkeit des Personaleinsatzes. Sie berücksichtigen zum Beispiel das Verhältnis der Lohnkosten zu den Gesamtkosten, das des Fertiglohnes zum Gemeinkostenlohn, die Entwicklung der Überstunden, der Fehlzeiten und anderer Personaldaten.

Auch die Frage, ob jede Arbeit überhaupt notwendig ist, kann durch Untersuchungen wie Gemeinkostenwert- oder Funktionsanalysen überprüft werden.

Einen Maßstab für die Ermittlung des Personalbedarfs in einem Büro oder in der Verwaltung bilden z. B. Zeit und Menge der erledigten Arbeitsvorgänge, jedoch nur bei gleichartigen Arbeiten. Die unvergleichbaren oder selten vorkommenden Arbeitsvorgänge müssen also ausgeklammert und gesondert bewertet werden. Dabei darf natürlich nur die effektiv mögliche Arbeitszeit (d. h. also Arbeitstage minus Urlaub und Fehlzeiten) berücksichtigt werden.

---

6 *Fitting/Auffarth/Kaiser*, Betriebsverfassungsgesetz, 13. Aufl. München 1981, §§ 92 ff.

In Kaufhäusern wird oft der Umsatz je Person und je Quadratmeter als Maßstab genommen, in Baufirmen die verbaute Summe. In einem Transportunternehmen oder einem betrieblichen Fuhrpark können die gefahrenen Kilometer ermittelt und auf die Zahl der vorhandenen Fahrzeuge umgerechnet werden. Im Lagerbereich sind Umschlagmenge und -häufigkeit wichtig. Bei gleichförmiger Produktion lassen sich die erzeugte Menge, bei Versicherungen, Sparkassen oder Energieversorgungsunternehmen die Zahl der Kunden als Maßstab heranziehen.

Ein weiteres Mittel der systematischen Personalplanung ist der Stellenplan, nach dem zahlreiche Unternehmen und Behörden ihr Personal einsetzen. Insbesondere Schichtdienste sind ohne einen genauen Stellenplan nur sehr unwirtschaftlich durchzuführen.

Die angeführten Beispiele für Kennzahlen oder Stellenpläne sind nur ein Ausschnitt. Welche Maßstäbe Sie Ihrer Planung zugrunde legen, hängt von den betrieblichen Umständen ab. Entscheidend ist jedoch, daß diese sich über einen längeren Zeitraum als aussagekräftig erweisen und der zukünftigen Entwicklung angepaßt werden können.

b) Einsatz des einzelnen Mitarbeiters

Sicher wollen Sie Ihre Mitarbeiter ihrer Eignung entsprechend einsetzen. Dazu müssen Sie aber jeden kennen und Grundkenntnisse in der Arbeitsphysiologie und -psychologie berücksichtigen; denn gesunder Menschenverstand und Einfühlungsvermögen allein genügen nicht.

Mit der technischen Entwicklung haben sich auch die Arbeitsbedingungen geändert. Die Arbeitsphysiologie, die den Menschen bei der Arbeit untersucht und die Grundlagen für die Anpassung der Arbeitsbedingungen an die menschliche Leistungsfähigkeit schafft, kann hier helfen. Jeder Vorgesetzte muß wissen, daß die Arbeitnehmer je nach Alter, Geschlecht und Typ unterschiedliche Leistungen erbringen. Dies ist besonders wichtig bei Arbeiten, die gesundheitsschädigende Erschwernisse mit sich bringen. Eine häufig auftretende Schwierigkeit bildet zum Beispiel der Schichtdienst, der durch den ständig wechselnden Tagesablauf hohe Anforderungen an die Arbeitenden stellt, für die eine finanzielle Vergünstigung kein ausreichender Ausgleich sein kann. Gewiß nimmt die ärztliche Betreuung dem Vorgesetzten einen großen Teil seiner Verantwortung ab, doch hängt es lediglich von ihm ab, ob ein Arbeitnehmer richtig eingesetzt ist und durch die Tätigkeit nicht überfordert wird.

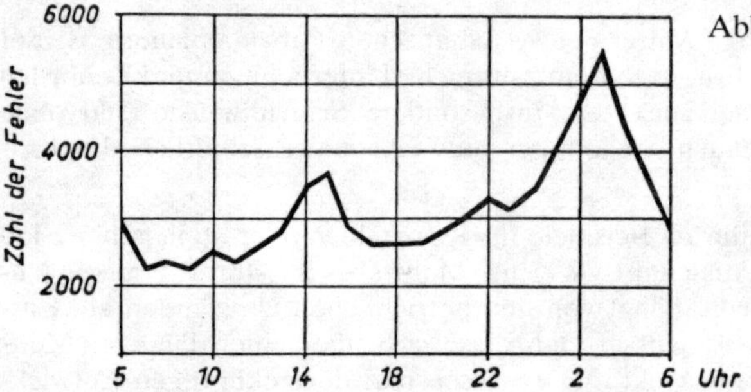

Abbildung 2:

Viele Untersuchungen bestätigen die unterschiedliche Leistungsfähigkeit im Laufe des Tages, wie sie Prof. Menzel (Abb. 2)[7] anführt. Besonders für die Nachtschicht gilt eine schwankende Leistungsfähigkeit, die sich in der Häufigkeit des sogenannten toten Punktes ausdrückt (Abb. 3). Der typische Verlauf einer Leistungskurve ist bei vielen Arbeiten von Be-

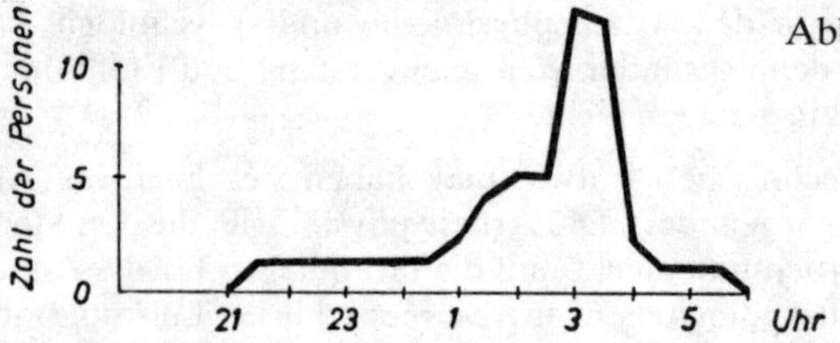

Abbildung 3:

Häufigkeit des sogenannten »toten Punktes« während der Nachtschicht bei 62 leicht körperlich arbeitenden Männern.

[7] *Menzel, W.*, Menschliche Tag-Nacht-Rhythmik und Schichtarbeit, Basel/Stuttgart 1962.

deutung. Man muß ihn kennen, wenn man Fehler und Minderleistungen richtig beurteilen will. Viele Vorgesetzte sind dazu übergegangen, die Pausen unter Berücksichtigung dieser Leistungskurve einzurichten. Allerdings müssen sie bei allen Bemühungen, die Arbeitszeit dem Lebensrhythmus anzupassen, auch auf gesetzliche Vorschriften wie die Arbeitszeitordnung[8] achten. Die Zahl der Überstunden ist beschränkt und darf nur bei Störungen und besonders wichtigen Arbeiten überschritten werden. Abgesehen davon liegt die Gesamtleistung bei zu langer Arbeitszeit nicht wesentlich über der in einer kürzeren Zeit erbrachten.

Darüber hinaus sollte jeder Vorgesetzte über Grundkenntnisse von seelischen Verhaltensweisen der Menschen verfügen. Nur so kann er das Verhalten seiner Mitarbeiter ihm und den Kollegen gegenüber besser kennen- und beurteilen lernen und bei Schwierigkeiten vermittelnd eingreifen.

c) Zusammenarbeit im Betrieb

Aber nicht nur psychologische Erkenntnisse erleichtern dem Vorgesetzten die Führung seiner Mitarbeiter, auch die Ergebnisse der Soziologie, die sich mit dem Geschehen im Betrieb befaßt, bilden eine wertvolle Hilfe. Sie können ihm zwar keine konkreten Verhaltensmuster für jede Situation vermitteln, doch verhelfen sie ihm zur Erkenntnis der ausschlaggebenden Faktoren im Verhalten und in den Vorstellungen seiner Mitarbeiter.

Besondere Beachtung fanden in diesem Zusammenhang die Gruppenbildungen innerhalb eines Betriebes, deren Zusammensetzung als entscheidend für die Leistung der einzelnen Mitglieder erkannt wurde.

In jedem Unternehmen finden sich neben den offiziell zusammengeschlossenen Gruppen, denen wirtschaftliche und technische Ziele gesetzt sind, zahlreiche informelle Gruppen, für die

[8] *Denecke/Neumann*, Arbeitszeitordnung, 9. Aufl., München 1976.

ungeschriebene Verhaltensregeln und gefühlsbedingte Vorstellungen gelten, die die Handlungen ihrer Mitglieder regeln und beeinflussen. Diese sozialen Gruppen – auf Grund des gleichen Wohnortes, der landsmannschaftlichen Herkunft, ähnlicher Freizeitbeschäftigung oder Ausbildung, nach Freundschaft oder gemeinsamen Geburtsort gebildet – haben eine sehr gesunde und normale Funktion innerhalb eines Unternehmens. Sie geben dem einzelnen ein Gefühl der Sicherheit, der Zugehörigkeit zu einem großen Ganzen und der sozialen Befriedigung. Die Wertmaßstäbe dieser gesellschaftlichen Gruppen erweisen sich meist als sehr einflußreiche und bestimmende Faktoren für die Haltung des einzelnen. So kann es manchmal einem Arbeitnehmer weniger unangenehm sein, bei seinen Vorgesetzten als mäßiger Arbeiter angesehen zu werden, als sich von seinen Kollegen unkameradschaftliches Verhalten vorwerfen lassen zu müssen.

Verschiedene, vorwiegend in Amerika durchgeführte Experimente haben gezeigt, wie günstig es sich auswirkt, wenn die Betriebsangehörigen ihre Arbeitspartner selbst wählen können, ihre Gruppenzugehörigkeit also von sich aus bestimmen. Unstimmigkeiten, die beim Zusammentreffen unterschiedlicher menschlicher Stärken und Schwächen auftreten, können durch eine sorgfältige Auswahl der zu einer Gruppe gehörenden Mitarbeiter zum großen Teil vermieden werden. Zum Beispiel sollte man nicht versuchen, sehr junge und sehr alte Mitarbeiter oder Frauen und Männer in ungleicher Anzahl zusammenarbeiten zu lassen.

Manchmal besteht eine Abneigung der langjährigen Mitarbeiter gegenüber den Neueingestellten, die sich häufig unterlegen fühlen. Von der Arbeitsaufgabe her können ebenso Spannungen entstehen. Solange die Mitarbeiter mit Einzelaufgaben betraut sind, werden wohl größere Konflikte ausbleiben. Sobald sie aber gemeinsam am Fließband oder besonders innerhalb eines Teams oder einer Gruppe mit vorgeschriebener Arbeitsgeschwindigkeit arbeiten, gibt es leicht Reibungen auf Grund von unterschiedlicher Leistungsfähigkeit und verschiedenem Leistungswillen. Hierauf sollte man bei dem Zusammenstellen einer Arbeitsgruppe besonders achten.

Woran erkennen Sie nun das gespannte Verhältnis Ihrer Mitarbeiter untereinander und zu Ihnen? Meistens wohl an der unangenehmen Arbeitsatmosphäre, an der „dicken Luft“, an der heftigen, nicht mehr normalen Reaktion der Mitarbeiter auf Anordnungen oder Vorkommnisse im Betrieb, an ständigen Beschwerden, deren Gegenstand nur selten der Intensität der Beschwerde angemessen ist. Auch die Cliquenbildung oder die Absonderung einzelner Mitarbeiter können Anzeichen dafür sein, daß etwas nicht in Ordnung ist.

Aus verschiedenen Untersuchungen kennen wir die positiven Auswirkungen der selbstgesteuerten (autonomen) Arbeitsgruppen auf die Zufriedenheit der Mitarbeiter und auf die persönliche Entfaltung. Während ein Teil der Mitarbeiter darin ein erweitertes Gestaltungsfeld – wie Aufgabenabwechslung, optimaler Arbeitszyklus, z. T. eigene Zielsetzung und eigene Verantwortungsräume – sieht, können andere keine wesentliche Verbesserung für sich erkennen[9]. Neue Erfahrungen in einem Unternehmen der Elektroindustrie bestätigen dies bei ungelernten Arbeitnehmern.

Sie müssen – im Rahmen der zentralen Vorgabe – bei Ihrer Personalplanung die Anzahl der Mitarbeiter mittels geeigneter Maßstäbe von Jahr zu Jahr und gegenüber ähnlichen Unternehmen oder Betriebsteilen vergleichen. Aber nicht nur die Zahl der Mitarbeiter ist zu beachten, sondern auch ihre Leistungsfähigkeit, ihr Alter, ihr Temperament. So wie das schwächste Glied einer Kette die Stärke der ganzen Kette bestimmt, so können ungeeignete Mitarbeiter die Leistung einer Arbeitsgruppe mindern. Hilfsmittel bei der schwierigen Aufgabe des Personaleinsatzes sind die Erkenntnisse der Arbeitsphysiologie, der Psychologie und der Betriebssoziologie. Darüber hinaus sollten Sie alle vertretbaren Möglichkeiten nutzen, um den Entfaltungs- und Gestaltungsspielraum der Mitarbeiter zu vergrößern.

---

[9] Hierzu liegen mittlerweile auch realistische Ergebnisse vor. Zu den Experimenten bei Volvo in Kolmar und bei Norsk Hydro s. „Stimme der Arbeit“ Nr. 2 (1980), S. 47.

Kapitel III

Einführung und Unterweisung

„Die beste Hilfe ist die Hilfe zur Selbsthilfe."

Pestalozzi

Können Sie sich noch an den Tag erinnern, an dem Sie zum ersten Mal einen neuen Betrieb betraten? Sie hatten vielleicht ein ähnlich beklemmendes Gefühl wie vor einer Prüfung. Sie werden vielleicht erwartungsvoll und ein wenig unsicher zu Ihrer neuen Arbeitsstelle gegangen sein.

Sie hatten zwar schon bei Ihrer Bewerbung den Betrieb flüchtig gesehen und wahrscheinlich den Personalleiter und Ihren neuen Vorgesetzten begrüßen können, doch von der Atmosphäre, die Sie erwartete, wußten Sie recht wenig.

Daran sollten Sie denken, wenn Sie, meist in Zusammenarbeit mit Personalabteilung, Werksarzt und Betriebsrat, einen Mitarbeiter auswählen und ihn zu Beginn seiner Tätigkeit in Ihrem Bereich in Empfang nehmen.

Oft kommt er in den Betrieb, und der Arbeitsplatz ist nicht vorbereitet, niemand kümmert sich intensiv um ihn. Die erste Zeit vergeht langsam, weil er das Gefühl hat, überflüssig zu sein. Hinzu kommen die Unsicherheit in der ungewohnten Umgebung, die Scheu vor den Kollegen, die oft genug ihre langjährige Betriebszugehörigkeit und -erfahrung deutlich spüren lassen. Richtlinien und Arbeitsanweisungen werden dem „Neuen" in einer überwältigenden Zahl mitgegeben, und dann läßt man ihn allein.

Bei der Auswahl des neuen Betriebsangehörigen hat man sicherlich darauf geachtet, daß er den Anforderungen des Arbeitsplatzes in fachlicher, gesundheitlicher und menschlicher Hinsicht genügt. Die letzte Entscheidung werden aber Sie haben;

denn Sie sollen ja lange mit ihm zusammenarbeiten. Sie kennen die Mentalität Ihrer Mitarbeiter, die Alterszusammensetzung; Sie wissen also, wie der neue Mitarbeiter sein sollte, um in Ihre Gruppe zu passen.

a) Vorbereitung im Betrieb

Die Vorbereitung im Betrieb beginnt mit der Bereitstellung des Arbeitsplatzes, hört damit aber nicht auf. Werkzeug oder Schreibtisch müssen vorhanden sein, ebenso eine Ablage für die Garderobe. Die Vorschriften und Anordnungen, die für die Arbeit unbedingt erforderlich sind, müssen bereitliegen. Das gilt besonders für die Arbeitsordnung, die Unfallverhütungsvorschriften und speziellen Anweisungen im Unternehmen. Auf Grund langjähriger Erfahrungen weiß man nämlich, daß gerade in den ersten Tagen und Wochen die Unfallgefährdung am neuen Arbeitsplatz – sei es bei neu eingestellten oder versetzten Mitarbeitern – besonders groß ist.

Mancher Leser mag diese Vorbereitung für übertrieben halten. Wie aber sieht es aus, wenn eine neue Maschine kommt? Dann ist alles vorbereitet. Fundamente sind gegossen, die notwendigen Anschlüsse gelegt. Jeder ist interessiert und mit Ratschlägen überall dabei. Die Maschine steht im Mittelpunkt.

Manche von Ihnen werden an dieser Stelle an die hohen Investitionen erinnern, die der Einsatz neuer Maschinen erfordert, unter Umständen auch an die Sorgfalt, mit der sie behandelt werden müssen, um kostspielige Schäden zu vermeiden. Haben Sie sich aber schon einmal überlegt, daß die Einstellung eines neuen Mitarbeiters gleichfalls mit erheblichen Kosten verbunden ist? Gebietet darüber hinaus nicht die Fürsorgepflicht für die uns anvertrauten Menschen, daß wir uns ihnen von Anfang an eingehend widmen und ihnen den Start in dem für sie neuen Betrieb erleichtern? Die oft vorgebrachte Entschuldigung, man sei überlastet und müsse sich zuerst um wichtige Dinge kümmern, entbindet nicht von dieser Pflicht.

b) Vorstellung und Betreuung

Um dem neuen Mitarbeiter das Gefühl der Unsicherheit und des Noch-Nicht-Informiertseins zu nehmen, müssen Sie ihn sofort mit allen für seine Arbeit wesentlichen Dingen bekanntmachen. Damit ist nicht etwa gemeint, daß er am ersten Tag gleich die ganze Abteilung oder den gesamten Betrieb kennenlernen muß. In den meisten Fällen hieße dies, ihn mit neuen Eindrücken überfüttern. Darum sind manche Firmen wieder davon abgegangen, den ersten Tag ausschließlich für die Einführung in das Werk vorzusehen, sondern geben dafür nachmittags oder abends den Mitarbeitern in Lehrgängen und Vorträgen Gelegenheit, sich allmählich mit dem Unternehmen, seiner Organisation, den Funktionen der einzelnen Abteilungen und der Produktion vertraut zu machen. Auch Einführungsprogramme, nach denen der „Neue" nach und nach alle für seinen Arbeitsplatz wichtigen Abteilungen besucht und dort Informationsgespräche führt, haben sich bewährt.

Begrüßen Sie Ihren neuen Mitarbeiter und unterrichten Sie ihn über die wesentlichen Arbeitsbedingungen und den zukünftigen Tätigkeitsbereich. Übergeben Sie ihm möglichst Unterlagen (z. B. Stellenbeschreibung), aus denen seine Aufgaben und Kompetenzen zu ersehen sind. Damit kommen Sie gleichzeitig der Unterrichtungspflicht des Arbeitgebers gegenüber dem einzelnen Arbeitnehmer nach, wie sie im § 81 BetrVG verankert wurde. Stellen Sie ihn auch seinen Kollegen vor. Sicher ist es gut, wenn Sie ihnen schon vorher von dem „Neuen" berichten, so daß sie nicht überrascht werden und möglicherweise ablehnend reagieren. Sie könnten sonst infolge der nachlässigen Information das Verhältnis von vornherein mit Mißtrauen belasten. Jeder neue Betriebsangehörige muß auch wissen, welche Bedeutung seine Tätigkeit in der Produktion oder in der Verwaltung hat, er muß seine Stellung in der betrieblichen Hierarchie und seine Kompetenzen kennen. Daneben – und das sollten Sie nicht als unwichtig abtun – sind für ihn auch die Dinge wichtig, die die Arbeit erleichtern und ihm Möglichkeiten zur Erholung geben, wie Ruhepausen, Essenszeiten und Waschgelegenheit. Bitten Sie einen Mitarbeiter, den Neuling zur Kantine mitzunehmen, ihn mit anderen Betriebsangehörigen bekanntzumachen und ihm zu helfen, die Anfangsschwierigkeiten zu überwinden. Ihr neuer Mitarbeiter wird dankbar für die Hilfestellung sein, besonders wenn er sich an einen bestimmten Betriebsangehörigen wenden kann, der ihm mit Rat und Tat hilft. Halten auch Sie Kontakt mit dem Neuen, denn manche Schwierigkeiten beginnen erst mit dem allmählichen Hineinwachsen in den Betrieb!

Alle diese Maßnahmen können helfen, beim neuen Mitarbeiter Vorurteile abzubauen, die sich bei ihm vielleicht durch falsche Informationen gebildet haben. Oft werden der Anwerbung und den Einstellungsformalitäten mehr Aufmerksamkeit geschenkt als der wichtigen Aufgabe, den neuen Mitarbeiter im Betrieb einzuführen.

Wie entscheidend dies aber ist, beweisen die häufigen Kündigungen in der Anfangszeit. Die Kündigungsquote in den ersten Monaten der Betriebszugehörigkeit ist besonders hoch, wie Statistiken in vielen Unternehmen zeigen (Abb. 4, S. 36).

c) Arbeitsunterweisung

Nur sehr selten können neueingestellte Betriebsangehörige – und auch langjährig tätige, die versetzt wurden und umlernen müssen – sofort voll in den Arbeitsprozeß eingegliedert werden, selbst wenn von Anfang an eine gute Arbeitsunterweisung erfolgt. Beantworten Sie dazu dem Mitarbeiter folgende Fragen: *Warum* muß diese Arbeit getan werden? *Wie* soll sie ausgeführt werden? *Wann* soll sie ausgeführt werden und beendet sein? *Wo* soll sie erledigt werden?

Die Befugnis, Anweisungen zu geben, schließt die Verantwortung für die Durchführung ein. Der Vorgesetzte kann sich also nicht damit begnügen, einem Mitarbeiter einen Auftrag zu geben, er muß sich davon überzeugen, daß der Auftrag verstanden und richtig durchgeführt wird.

Oft wird die Aufgabe, neue Mitarbeiter anzulernen, unterschätzt. Wie leicht kann es einem unfähigen und auf diesem Gebiet nicht geübten Vorgesetzten so ergehen, wie es Praktiker einmal aus leidvoller Erfahrung ironisch beschrieben haben:

Abbildung 4:

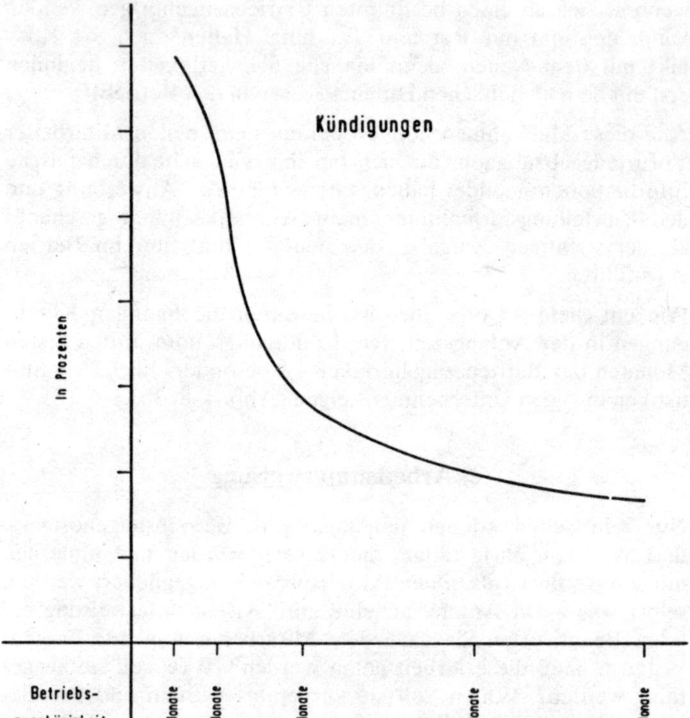

„Wenn ein Vorgesetzter eine Arbeit getan haben will, dann braucht er ja nur jemanden damit zu beauftragen und dann nach einiger Zeit nachzusehen und festzustellen, daß nichts getan ist, und dann nachzuforschen, warum nichts geschehen ist und sich tausend Gründe anzuhören, warum es nicht getan wurde, aber sich zu überlegen, wieviel einfacher es gewesen wäre, wenn er die Arbeit gleich selbst getan hätte, denn er hätte sie in einer Stunde erledigen können, während sie so drei Tage dauerte und zum Schluß noch falsch war ...

und dann zu erklären, wie sie hätte gemacht werden müssen, und sich anzuhören, warum sie nicht so gemacht worden ist ...

und dann nachzufassen und festzustellen, daß die Arbeit nun zwar getan wurde, aber falsch und dann noch einmal jemanden zu beauftragen, die Arbeit nun bestimmt auszuführen ...

ja, anweisen und kontrollieren muß man eben können!

Übrigens: man kann es auch lernen ..."

Hält er sich dagegen an eine systematische Arbeitsunterweisung, so wird ihm die sogenannte Vier-Stufen-Methode, die ursprünglich nur für den Produktionsbetrieb entwickelt wurde, ein sehr gutes Hilfsmittel sein. Sie hat folgende Gliederung:

1. Vorbereiten und Arbeitsgang zergliedern

Die Gliederung des Arbeitsablaufs ist deshalb so wichtig, weil sie die Grundlage für alle weiteren Schritte bildet. Bevor dem neuen Mitarbeiter der Arbeitsvorgang aufgegliedert und erklärt wird, soll der Arbeitsplatz vorbereitet sein. Natürlich müssen Sie genügend Zeit für die Unterweisung haben, bereits auf dieser Stufe dem Neuen die Befangenheit nehmen, um so die richtige Atmosphäre für die folgende Unterweisung zu schaffen.

Zu einem allgemeinen Überblick muß besonders gezeigt werden, welche Stellung dieser Arbeitsplatz im gesamten Produktionsprozeß einnimmt. Bei der speziellen Aufgabe müssen alle, auch die Ihnen selbstverständlich erscheinenden Aufgaben zergliedert werden, damit der neue Mitarbeiter Einzelheiten erkennt und Schwierigkeiten leichter überwindet.

Wenn der Arbeitsablauf so kompliziert ist, daß er trotz der sorgfältigen Aufgliederung mündlich nicht sofort erfaßt und behalten werden kann, sollten Notizen gemacht oder Zeichnungen und Ablaufschemata angefertigt werden.

2. Erklären, zeigen und vormachen

Es genügt nicht, dem Mitarbeiter alles gründlich zu erklären oder zu zeigen; Sie müssen ihm jeden Arbeitsschritt vormachen. Da die Hand oft schneller arbeitet, als sie das Auge des Lernenden verfolgen kann, müssen Sie dabei langsam vorgehen. Der nächste Arbeitsschritt darf immer erst getan werden, wenn der vorherige voll verstanden ist. Da die menschliche Aufnahmefähigkeit begrenzt ist, muß der Einführende ständig kontrollieren, ob alles verstanden wurde, ob die Arbeit schematisch oder mit Überlegung ausgeführt wird. Wissenschaftler haben festgestellt, daß der Mensch 20 % von dem, was er hört, behält; 30 % von dem, was er sieht; 50 % von dem, was er hört und sieht, und 90 % von dem, was er selber tut.

Besonders die Kunstgriffe sind genau zu erläutern. Durch ein – dem Mitarbeiter gar nicht als Lernprozeß bewußt werdendes – Frage- und Antwortspiel über besondere Einzelheiten des Arbeitsablaufes können Sie den neuen Mitarbeiter zum Nachdenken und zur wünschenswerten kritischen Einstellung anregen und damit auch sein Selbstvertrauen stärken.

3. Selbst arbeiten lassen

Wenn die Arbeitsgänge klar sind, lassen Sie den neuen Mitarbeiter selbständig arbeiten, achten aber auf unsachgemäße Handgriffe und Arbeitsgewohnheiten, die den Fortgang behindern könnten. Auf wiederkehrende Fehler soll mit Geduld und Nachsicht hingewiesen werden. Sie dürfen den Neuen aber nicht zu sehr bevormunden, er soll ja die Sicherheit erlangen, die Sie wünschen, und er soll merken, daß Sie ihm die Arbeit zutrauen. Dies ist eine wichtige Voraussetzung für gute und zuverlässige Arbeit.

4. Abschließen und selbständig arbeiten lassen

Auch wenn die Erklärungen und Hinweise, die Sie dem neuen Mitarbeiter geben, ausführlich sind und ihm selbständiges Arbeiten ermöglichen, wird er für weitere Ratschläge, die Sie oder ein älterer Kollege ihm auf Kontrollgängen geben, dankbar sein.

Hierbei wird er noch manche Fragen stellen, die ihm weiterhelfen und die Sicherheit in der Ausführung seiner Aufgaben erhöhen.

Damit ist die eigentliche Einführung und Unterweisung abgeschlossen, jedoch nicht Ihre Aufgabe, weiterhin Anteil am Fortgang der Arbeit des Neueingestellten zu nehmen und sie zu überwachen. Dabei müssen Sie das richtige Maß zwischen Kritik und lobender Anerkennung finden; obwohl sich sicherlich häufig Anlaß zum Kritisieren findet, sollten Sie immer daran denken, daß ein Zuviel davon das Gegenteil bewirken kann, daß der Mitarbeiter nämlich mutlos wird, seinen Arbeitselan verliert und damit auch seine Leistung absinkt. Er braucht hin und wieder ein Lob zur Stärkung seines Selbstvertrauens. Er soll ja eine möglichst große Selbständigkeit erlangen und Sie von unnötiger Arbeit und Kontrolle entlasten.

„Wo gehobelt wird, da fallen Späne"; natürlich tauchen Fehler bei jeder Arbeit auf. Werden sie aber vertuscht und vor dem Vorgesetzten geheimgehalten, dann liegt ein Teil der Schuld oft bei diesem selbst. Er sollte danach trachten, eine Atmosphäre zu schaffen, in der seine Mitarbeiter den Helfer und Berater in ihm sehen, nicht den ständigen Kritiker und Kontrolleur.

Die Einführung und eingehende Arbeitsunterweisung eines neuen Mitarbeiters sind meistens nach Abschluß der Probezeit beendet. Bis dahin entscheidet sich, ob Sie einen geeigneten Mitarbeiter gefunden haben und ein festes Arbeitsverhältnis mit ihm eingehen wollen. Hierbei leistet ein Beurteilungsbogen für die Probezeit nützliche Dienste. Entschließen Sie sich dazu, so müssen Sie dem Neuen helfen, daß er voll und ganz in die Betriebsgemeinschaft aufgenommen wird.

Sie sollten ihn anregen, sich Gedanken über Verbesserungen zu machen und ihm so Gelegenheit geben, die in anderen Betrieben gesammelten Erfahrungen nutzbringend zu verwerten. Er ist noch nicht betriebsblind und bemerkt Dinge, über die andere schon hinwegsehen. Lassen Sie nicht zu, daß man ihn mit Killerphrasen abspeist nach dem Motto:

„Richtiger Betriebsanghöriger wird man erst nach dem 25jährigen Jubiläum", oder

„Zur Stammbelegschaft gehört man erst nach 10jähriger Tätigkeit".

Bei der Einführung und Unterweisung eines neuen Mitarbeiters sollten Sie folgende Punkte besonders beachten:

Der Einsatz muß geplant, der Arbeitsplatz vorbereitet und ein geeigneter Mitarbeiter für die Einweisung ausgewählt werden. Der neue Mitarbeiter ist den übrigen, die möglichst vorher zu informieren sind, vorzustellen. Die für seinen Arbeitsplatz wichtigen Regeln und Sicherheitsvorschriften sind ihm zu Beginn der Arbeit bekanntzugeben.

Bei der Unterweisung sollten Sie die vier Stufen unterscheiden:

1. Vorbereiten und zergliedern,
2. Erklären und vormachen,
3. Ausführen lassen und
4. Selbständig arbeiten lassen.

Können Sie die Anweisung nicht selbst geben, so müssen Sie einen geeigneten Mitarbeiter aussuchen und ihm den Auftrag dazu erteilen. Der Unterweisende hat die Ergebnisse zu kontrollieren, ohne jedoch ständig die Erklärungen seinerseits zu unterbrechen. Die Fehler des Mitarbeiters sollen sachlich kritisiert, der Erfolg anerkannt werden.

Kapitel IV

Innerbetriebliche Information

„Nicht nur jeder Informierende, sondern jeder, der sich informieren läßt, ist mitverantwortlich."
Karl Jaspers

Wie geht es Ihnen, wenn Sie gar nicht oder nur ungenügend über Vorgänge im Betrieb unterrichtet werden? Sie fühlen sich bestimmt unsicher, enttäuscht oder sogar allein gelassen.

Genauso ergeht es vielen Ihrer Mitarbeiter[10], die gleichfalls alles wissen möchten, was mit ihrer Arbeit und ihrer zukünftigen Entwicklung im Unternehmen zusammenhängt. Sie sind gegen die Geheimniskrämerei und haben andererseits ein Interesse daran, daß auch ihre Meinung an die zuständigen Stellen weitergegeben wird. Auch hier handelt es sich nicht nur um sinnvolle Führungsgrundsätze, die das Arbeitsergebnis verbessern helfen. Das BetrVG[11] bestimmt in § 81, daß der Arbeitnehmer über seine Aufgaben, seine Verantwortung, die Art seiner Tätigkeit und ihre Einordnung in den Arbeitsablauf zu unterrichten ist. Über Veränderungen in seinem Arbeitsbereich ist er rechtzeitig, also vor der abschließenden Entscheidung, zu informieren.

Dabei geht es nicht allein um das Mitwissen, wenn auch das Wörtchen „mit" heute im Betrieb eine große Rolle spielt. Statt von Arbeitern und Angestellten wird von „Mitarbeitern" gesprochen. Die Arbeitgeber erwarten, daß die Mitarbeiter mitdenken und sich mitverantwortlich fühlen; die Mitarbeiter dagegen wollen mitbestimmen und mitwirken und entsprechend informiert werden. Sie haben nun auch einen unabdingbaren Rechtsanspruch (§ 82 BetrVG) darauf, in betrieblichen Angelegenheiten, die ihre Person betreffen, von den im Betrieb zuständigen Stel-

---

[10] Ausführlich dazu: *Zander, E.*, Mitarbeiter informieren, Heidelberg 1982.
[11] *Glaubrecht/Halberstadt/Zander*, a.a.O.

len gehört zu werden. Sie sind berechtigt, zu Maßnahmen, die sie betreffen, Stellung zu nehmen und Vorschläge für die Gestaltung von Arbeitsplatz und -ablauf zu machen. Mitwirken kann ein Betriebsangehöriger ohnehin nur, wenn er mitdenkt; mitdenken ist ihm aber nur bei entsprechender Unterrichtung möglich.

Diese Kausalkette wird meist nur für den Informationsfluß von „oben" nach „unten", das heißt von der Führungsspitze zum Arbeitnehmer, angewandt. Umgekehrt, d. h. von „unten" nach „oben", ist sie aber ebenso wichtig; denn sie hat ähnliche Folgen.

Ein Handwerksmeister oder der Chef eines kleinen Geschäftes[12] haben meist direkten Kontakt zu jedem einzelnen ihrer Mitarbeiter. Je mehr sich die Betriebe vergrößern, desto schwieriger ist es, dieses enge Verhältnis aufrechtzuerhalten. Heute können in Großunternehmen die Leiter von Abteilungen oder Meisterbereichen nur mit wenigen Mitarbeitern persönliche Verbindung halten und Informationen austauschen.

Als Folge der wirtschaftlichen und technischen Entwicklung hat die Arbeitsteilung in den Industriebetrieben eine ständig stärker werdende Spezialisierung hervorgerufen. Der einzelne Mitarbeiter sieht und kennt nur noch einen kleinen Teil des Unternehmens. Es ist darum wichtig, ihn darüber hinaus zu informieren, um ihm trotzdem den Zusammenhang seiner Arbeit mit dem Betriebsgeschehen zu erhalten.

Umfangreiche und genaue Unterrichtung zeugt nicht nur von ausreichenden technischen Möglichkeiten zu ihrer Übermittlung, sondern auch von der Einstellung der Führungskräfte, die im Mitarbeiter nicht mehr den Befehlsempfänger, sondern den Partner sehen, der zur Erfüllung seiner Aufgaben umfassend Bescheid wissen muß. Wenn Sie in autoritärer Weise über Wünsche und Forderungen hinweggehen, werden die Mitarbeiter die Anordnungen zwar ausführen, das Betriebsklima und damit die betriebliche Leistungsfähigkeit werden aber schlecht sein. Infor-

---

[12] Ausführlich dazu: *Zander, E.*, Führung in Klein- und Mittelbetrieben, Freiburg 1981.

mation ist also nicht nur eine Frage des Führungsstils und der Achtung vor dem Mitarbeiter.

a) Information von „oben"

Die zahlreichen Informationen, die die Unternehmensleitung den Mitarbeitern und unteren Führungskräften zuleitet, lassen sich in drei Gruppen einteilen. Die erste Gruppe umfaßt solche Mitteilungen, die die Mitarbeiter unbedingt für ihre Arbeit brauchen und solche, die sich aus gesetzlichen, tariflichen und für den Betrieb vereinbarten Verpflichtungen ergeben. Hier haben die zwingenden Verpflichtungen aus dem Betriebsverfassungsgesetz besondere Bedeutung; die zweite solche, die sie erfahren sollten und die dritte berücksichtigt die Informationswünsche der Mitarbeiter.

1. Zu den besonders wichtigen Instruktionen, die jeder einzelne erhalten muß, gehören vor allem Vorschriften und Verordnungen, die die Arbeitszeit, die Unfallverhütung und zahlreiche betriebliche Vereinbarungen betreffen.

Weiter gehören dazu natürlich alle für die Ausführung der Arbeit notwendigen Angaben, die nicht nur festgesetzte Richtlinien, sondern auch Erklärungen umfassen, warum die Arbeit in einer bestimmten Form ausgeführt werden muß. Bei ausreichender Begründung wächst nämlich die Bereitschaft zu einer guten Arbeitsleistung.

Wichtige Informationen können den Mitarbeiter auf verschiedene Weise erreichen, z. B. durch „Schwarze Bretter" oder Schaukästen, wie sie in vielen Unternehmen vorhanden sind.

Viele Unternehmensleitungen verbreiten notwendige Informationen durch Rundschreiben oder Merkblätter. An Führungskräfte werden Betriebshandbücher und Kommentare als Loseblattsammlungen herausgegeben, die den Vorteil haben, daß die Richtlinien ständig ergänzt werden können. Vereinzelt werden auch regelmäßige Informationsberichte an die Führungskräfte verteilt oder in bestimmten zeitlichen Abständen Führungsbesprechungen abgehalten. Die Form der „Information“ – auch als „Unterrichtung“ (§§ 81, 110) oder „Berichte“ (§ 43) bezeichnet – ist im Betriebsverfassungsgesetz jeweils zwingend vorgeschrieben.

Zu den Informationsverpflichtungen des Arbeitgebers und seiner Beauftragten gehören auch diejenigen gegenüber dem Betriebsrat. Sie sind, gemeinsam mit den Unterrichtungs-, Beratungs-, Anhörungs- und Vetorechten sowie den Mitbestimmungsrechten des Betriebsrates, erheblich erweitert worden. Die mit Arbeitgeberfunktionen betrauten Führungskräfte müssen darum besonders den Teil IV des BetrVG kennen, wie z. B.:

- Mitteilung über die den Arbeitsschutz und die Unfallverhütung betreffenden Aufgaben und Anordnungen der Behörden und zuständigen Stellen (§ 89);
- Unterrichtung über Neu-, Um- und Erweiterungsbauten und Beratung über die menschengerechte Gestaltung der Arbeit (§§ 90, 91);
- rechtzeitige Unterrichtung über personelle Einzelmaßnahmen (§§ 99-105).

Die Information über Personalplanung (§ 92) und Maßnahmen der Berufsbildung (§§ 96 ff.) wurden im Kap. II bereits behandelt.

2. Informationen, die nicht direkt die Arbeit betreffen, z. B. Zahlen und Entwicklungstendenzen des Unternehmens und andere volkswirtschaftliche Zusammenhänge s o l l t e n bekannt sein. Ein interessierter Betriebsangehöriger möchte die wichtigsten Daten, wie Produkte, Warenzeichen, Betriebsgröße und Organisation, wissen. Sie ermöglichen es ihm, Außenstehenden gegenüber Auskunft zu geben und so auch außerhalb des Betriebes für die Erzeugnisse des Unternehmens zu werben. In manchen Firmen wird es notwendig sein, Mitarbeiter stärker als bisher zu informieren, die ohnehin, auf Grund ihrer Tätigkeit, mit Kunden oder Besuchern zu tun haben.

Ein Weg, solche allgemeinen Hinweise einer großen Gruppe von Betriebsangehörigen zu geben, sind Werkzeitschriften und

Werksbesichtigungen, die besonders bei unterschiedlichen und verzweigten Betriebsteilen wesentlich dazu beitragen, daß der Mitarbeiter sich zum Unternehmen gehörig fühlt und über seinen eigenen Arbeitsplatz hinaus interessiert ist. Auch Mitarbeiterbroschüren (Fibeln), z. B. über Sozialleistungen, Arbeitssicherheit, Versetzung in den Ruhestand, sind hier zu nennen.

Hierher gehören auch die – allerdings zwingenden – Unterrichtungsverpflichtungen des Arbeitgebers oder seiner beauftragten Vertreter:

- in der regelmäßigen Betriebs- oder Abteilungsversammlung, mindestens einmal in jedem Kalenderjahr, über das Personal- und Sozialwesen und die wirtschaftliche Lage und Entwicklung des Betriebes (§ 43 BetrVG);
- nach Abstimmung mit dem Wirtschaftsausschuß und dem Betriebsrat einmal in jedem Kalendervierteljahr schriftlich (im Unternehmen bis 1000 Arbeitnehmern mündlich) über die wirtschaftliche Lage und Entwicklung des Unternehmens.

3. Als letztes sei schließlich auf die Informationswünsche der Mitarbeiter hingewiesen. Sie können wohl kaum vollständig befriedigt werden, aber auch der erfüllbare Teil wird nicht in allen Unternehmen befriedigt.

Personelle Nachrichten, wie Jubiläen, Hochzeiten, Todesfälle, interessieren viele Mitarbeiter, ebenso Beförderungen oder Einstellungen und Entlassungen. Untersuchungen über Lesegewohnheiten von Werkzeitschriften haben ergeben, daß bei der Stammbelegschaft gerade diese personellen Nachrichten sehr beachtet werden; hinzu kommen Berichte über Ereignisse außerhalb der Firma.

Eine ausgedehnte Diskussion bei einer Betriebs- oder Abteilungsversammlung zeigt am besten, was der einzelne Mitarbeiter wissen möchte. Sie dürfen allerdings nicht in den Fehler verfallen, neueingestellten Mitarbeitern ein Zuviel an Informationen mitzugeben; denn an eine solche Fülle von Information gewöhnt, werden sie später um so enttäuschter sein, wenn der Informationsfluß spärlicher wird.

Wie wichtig die Information von „oben“ ist, bestätigen betriebliche Umfragen. Danach entspricht das Ausmaß der Zufriedenheit genau dem Grad der Information und nicht unbedingt dem der Höhe der Vergütung.

b) Information von „unten“

Können Sie eigentlich immer leicht feststellen, ob Ihre Mitarbeiter zufrieden und mit Ihren Anordnungen und Maßnahmen einverstanden sind? Haben Sie nicht auch schon die Erfahrung gemacht, daß eine spärliche Information häufig mit mangelnder Kommunikation von seiten der Mitarbeiter zusammenhängt?

Woran liegt das? Was (oder wer) unterbricht den Rückfluß von Informationen? Vielleicht liegt es an ungeeigneten Beratern der Führungskräfte, die nur die ihnen genehmen Nachrichten durchlassen und andere zurückhalten. Es ist eine der größten Gefahren für eine erfolgreiche Personalführung, wenn ein Vorgesetzter sich abschirmt oder nicht erkennt, daß andere ihn von der Außenwelt isolieren.

Möglicherweise wirkt auch die Struktur des Unternehmens oder der Vorgesetztenpositionen hemmend. In kleinen Betrieben kommt die Unterbrechung des Nachrichtenstromes von unten nach oben sehr selten vor, in großen dagegen oft.

Was geschieht, wenn die Nachrichtenkanäle blockiert sind? Auf der einen Seite kann es passieren, daß die Betriebsleitung Maßnahmen anordnet, ohne zu wissen, wieviel Mißfallen und Ärger sie damit hervorruft. Andererseits kommen wichtige Anliegen nicht dorthin, wo wirksame Abhilfe geschaffen werden könnte. So sammeln sich allmählich unter der Oberfläche über eine lange, scheinbar ruhige Periode hinweg Unlustgefühle an, die dann plötzlich – vielleicht infolge eines geringfügigen Anlasses – vulkanartig ausbrechen. Unerwartet ist ein Streik oder eine ähnlich ernste Reaktion da, und der Erfolg einer an sich fachlich gut geplanten Maßnahme ist in Frage gestellt.

Zwischen zwei Möglichkeiten können Sie in einer solchen Situation wählen: Sie können warten, bis sich die Schwierigkeiten zu einem großen „Klumpen" angesammelt haben und dann ihre Lösung versuchen. Oder Sie versuchen, die Streitfragen beim Auftauchen zu klären. Wenn Sie das Gefühl haben, auf diese Weise nicht zur Ruhe zu kommen und ständig mit Schwierigkeiten kämpfen zu müssen, so werden Sie aber nie der Situation gegenüberstehen, in der eine Verständigung im Betrieb überhaupt nicht mehr möglich ist und offene Feindschaft herrscht.

Ehe eine derartige Situation eintritt, sollten Sie vorbeugende Maßnahmen ergreifen und sich gegen schlechte, falsche oder unzureichende Informationen schützen. Sie sollten dafür sorgen, daß Sie für jeden Mitarbeiter direkt erreichbar sind. Auch den Kontakt zu den Instanzen, die durch ihre vielfältigen Beziehungen zur Belegschaft die Meinung über das Unternehmen und sein Betriebsklima gut einschätzen können – Betriebsarzt, Personalabteilung, Betriebsrat usw. – sollten Sie pflegen. In Gesprächen mit Bewerbern können Sie sich über die Verhältnisse in anderen Firmen informieren; die Unterhaltung mit ausscheidenden Mitarbeitern vermittelt oft interessante Hinweise auf Fehler im eigenen Bereich.

Abbildung 5:

Von wem erfahren Sie eigentlich all das, was für Sie wichtig ist?

Vorgesetzte	60 %
Werkzeitschrift	4 %
Betriebsrat und Betriebsversammlung	21 %
Rundschreiben und Aushänge	25 %
Kollegen aus eigener oder fremder Abteilung	22 %
informelle Quellen (Gerüchte, Zufall etc.)	4 %
sonstige Quellen	8 %

Daneben haben Sie noch andere Möglichkeiten, die Meinung Ihrer Mitarbeiter zu erfahren, nämlich über die gewählten Arbeitnehmervertreter. Diese besitzen das Vertrauen der Mitarbeiter und sind in den meisten Fällen über die im Unternehmen herrschende Meinung gut unterrichtet. Der Kontakt mit ihnen kann Sie vor Irrtümern und Überraschungen bewahren.

Über den Informationswert von betrieblichen und „sonstigen Informationsquellen" gibt eine Betriebsumfrage aus dem Jahre 1978 folgende Auskunft. Dabei konnten mehrere Antworten gegeben werden (Abb. 5, S. 47).

c) Besprechungen mit Mitarbeitern

Ihre Zeit ist meistens knapp bemessen. Sie können sich nicht immer allen Problemen so eingehend widmen, wie Sie es wünschen. Auch sind die auftretenden Fragen und Schwierigkeiten so vielschichtig, daß Sie sie nicht immer allein klären können. Sie werden also ihre qualifizierten Mitarbeiter zur Lösung wichtiger Aufgaben heranziehen und in gemeinsamen Besprechungen versuchen, eine sachliche Grundlage für Ihre Entscheidungen zu finden. Einzelgespräche mit Ihren Mitarbeitern, wann immer der Arbeitsablauf sie erfordert, werden dadurch aber nicht überflüssig.

Interne Besprechungen sollten nur eine begrenzte Zahl von Teilnehmern und ein klares, vorher festgelegtes Ziel haben. Konferenzen um der Konferenz willen, oder weil es sich so eingebürgert hat, sind unnütz. Sie stehlen Ihnen und anderen die Zeit und dienen kaum dazu, sachliche Probleme zu bewältigen. Der Sinn solcher Beratungen ist doch, aufgetretene Schwierigkeiten und Störungen gemeinsam zu erörtern, um sie in der Zukunft zu vermeiden und nicht ein Forum für brillante, aber nutzlose Debatten abzugeben. Sachlich notwendige Besprechungen bieten Ihnen gleichzeitig Gelegenheit zum laufenden Meinungsaustausch mit Ihren Mitarbeitern. Die Betriebsangehörigen ihrerseits begrüßen es, von Ihren Plänen und Absichten und denen der Unternehmensleitung zu erfahren.

Wenn Sie in der Lage sind, die Besprechung zielgerichtet zu leiten und Ihre Mitarbeiter – die meist sehr unterschiedlich veranlagt sind – richtig anzupacken und vor allem anzuhören, haben Sie in kurzer Zeit für einen reichhaltigen Informationsaustausch gesorgt.

Wenn es um Problemlösungen geht, können Sie sich in Mitarbeiterbesprechungen an vier einfache Fragestellungen halten. Sie lösen Diskussionen aus, die zur Klärung führen sollten.

1. Worum geht es?

Lassen Sie alle Anwesenden ihre Sicht des Problems schildern. Es ist interessant, wie sich schon hier die Fronten klären oder Mißverständnisse ausgeräumt werden können. Fassen Sie – nachdem auch Sie Ihre Meinung gesagt haben – zusammen: „Es geht also bei unserem Problem darum . . .“.

2. Was können wir tun?

Sammeln Sie alle Lösungsvorschläge, verwerfen Sie noch keinen. Schreiben Sie alle auf ein Flipchart. Ein Vorschlag kann den anderen ergänzen, anregen oder unmöglich machen. Achten Sie darauf, daß jeder seine Meinung sagt und nicht nachher allein zu Ihnen kommt. Es geht hier um gemeinsame Lösungen. Fassen Sie auch hier zusammen: „Wir haben folgende Möglichkeiten gefunden . . .“.

3. Welche Lösung wählen wir?

Lassen Sie alle Lösungsvorschläge anhand der zu Anfang gefundenen Problemstellung bewerten. Die gewählte Lösung muß das Problem lösen können. Stellen Sie dafür gemeinsam Bedingungen auf. Achten Sie darauf, daß sich jeder an der Auswahl beteiligt; denn jeder soll das Ergebnis nachher vertreten können. Fassen Sie zusammen: „Wir wählen folgende Lösung . . .“.

4. Was ist zu tun?

Wenn die Lösung gefunden ist, muß sie realisiert werden. Festzulegen ist, wer was, bis wann, wie tut. Achten Sie auf eine verbindliche Festlegung. Diskutieren Sie auch, welche Schwierigkeiten sich jetzt noch ergeben könnten. Fassen Sie zusammen: „Das Problem war . . . wir werden es lösen, indem wir . . . Dazu geschieht folgendes . . .“.

d) Grenzen der Information

Die oft vorgebrachten Einwände, es gäbe Grenzen der Information, sind häufig nicht stichhaltig und entpuppen sich bei näherem Hinsehen als Vorwand, weil man der irrigen Meinung ist, durch Geheimhaltung von Betriebsdaten einen Vorsprung auf dem Markt zu halten. Manche Unternehmen beschränken sich daher auf Rundschreiben, Merkblätter, Aushänge am „Schwarzen Brett“.

Die entscheidende Frage nach den Grenzen der Information hängt von der Zweckmäßigkeit und dem Inhalt ab. Ist es in jedem Fall empfehlenswert, den Mitarbeiter sofort von wichtigen Ereignissen in Kenntnis zu setzen? Kann es eine Unternehmensleitung immer verantworten, möglicherweise unangenehme Entwicklungen, bevorstehende Kurzarbeit oder gar Massenentlassungen anzukündigen, bevor die letzte Entscheidung gefallen ist? Sie wird wohl in heiklen Situationen alle Eingeweihten zur besonderen Verschwiegenheit verpflichten, um den geeigneten Zeitpunkt der Bekanntgabe einer Nachricht um so besser bestimmen zu können. Tauchen aber erst Gerüchte auf, so ist es für deren Unterdrückung meistens schon zu spät.

Umfang und Intensität der innerbetrieblichen Information werden allerdings auch von der Qualität der Führungskräfte und von der Haltung der Mitarbeiter bestimmt. Abgesehen von besonders schwierigen Situationen sollten Sie immer an Vertrauen und Offenheit festhalten. Sie werden sonst feststellen müssen, daß Geheimhaltung die Mitarbeiter nur unsicher und mißtrauisch macht und letzten Endes dem Unternehmen selbst schadet.

Die betriebliche Informationsarbeit wird allerdings durch manche Medien verschiedentlich erschwert, da jeder zuerst die neue Nachricht „beansprucht“.

Information ist ein Bestandteil der Personalführung und veranschaulicht Ihre Einstellung Ihren Mitarbeitern gegenüber.

Eine erfolgreiche und vertrauensvolle Zusammenarbeit zwischen Ihnen und Ihren Mitarbeitern ist ohne ausreichende Information von oben wie von unten nicht möglich.

Sie müssen die Ihnen anvertrauten Menschen möglichst rechtzeitig über alle wichtigen Veränderungen unterrichten und ihnen alle Kenntnisse vermitteln, die sie zum Verständnis ihrer Arbeit und der betrieblichen Zusammenhänge brauchen. Berechtigten Fragen dürfen Sie nicht aus dem Wege gehen, den Mitarbeitern andererseits aber auch nicht zu viele ungewichtete Informationen zumuten.

Kapitel V

Initiative und Verbesserungen

„Was wir im Laufe der Zeit an Können und Geschick hinzugelernt haben, verdanken wir alles unseren Leuten. Mein Glaube ist, daß Männer, wenn man ihnen die Freiheit der Entwicklung und das Bewußtsein des Dienens gibt, stets ihre ganze Kraft und ihr ganzes Können selbst auf die geringfügigste Aufgabe verwenden werden.“

Henry Ford

Teilen Sie auch die Meinung mancher Führungskräfte, in Ihrem Betrieb sei alles zum Besten geordnet, Verbesserungen und Veränderungen hätten keinen Erfolg und lohnten gar nicht erst die Mühe? Fürchten Sie, Verbesserungsvorschläge seitens Ihrer Mitarbeiter könnten Kritik an Ihrer Führung bedeuten, könnten Unruhe unter der Belegschaft hervorrufen?

Oder sind Sie überzeugt, daß Ihr Unternehmen laufend hinter der Entwicklung und den Erfordernissen der Wettbewerbswirtschaft zurückbliebe, wenn nicht ständig die Arbeitsverfahren und Produktionsformen verbessert würden? Das ist nicht nur eine Frage der technischen Möglichkeiten. Es ist vor allem eine Frage an Sie als Vorgesetzten, inwieweit Sie Ihre Mitarbeiter zur Initiative und zum Mitdenken anregen. Dabei kommt es darauf an, die unterschiedlichen Mentalitäten Ihrer Mitarbeiter zu berücksichtigen.

Vereinfacht sind zwei Gruppen zu erkennen, die der erhaltenden und verwaltenden, auf den Augenblick ausgerichteten Mitarbeiter und die der schöpferischen, ideenreichen. Beide Gruppen sind nötig, damit der Betrieb reibungslos läuft. Die erfinderischen und phantasiebegabten treffen dabei auf gelegentliche Anfeindung und Ablehnung seitens der Vorgesetzten; sie müssen ja erst das Bestehende in Frage stellen und kritisieren, um darauf aufbauend Verbesserungen anzuregen. Sie halten sich nicht am gegenwärtigen Zustand fest, sondern widmen sich bereits jetzt den auf sie zukommenden Problemen. Sie anzuspornen und ihnen die damit zusammenhängenden Informationen zugänglich zu machen, ist eine Ihrer Aufgaben.

Auch die finanzielle Seite dieses Problems sei kurz angeschnitten. Die betrieblichen Anlagen werden immer empfindlicher und kostspieliger, infolgedessen auch die Plätze der Mitarbeiter an diesen Anlagen. Jede Unachtsamkeit und Nachlässigkeit kann zu erheblichen Verlusten finanzieller oder gesundheitlicher Art führen. Darum wird es zunehmend wichtiger, die Betriebsangehörigen zum Mitdenken anzuregen und entsprechend zu belohnen. Es hat sich herausgestellt, daß weniger die Höhe einer finanziellen Anerkennung als vielmehr ihre Relation zum Nutzen, den das Unternehmen aus einem Verbesserungsvorschlag zieht, für die Mitarbeiter entscheidend ist. Materielle Anreize, Aufstiegschancen, öffentliche Anerkennung und Belobigung durch die Unternehmensleitung sind nur einige der Möglichkeiten, Initiative zu wecken und Verbesserungen anzuregen. Nachdem viele Betriebe auch in der Vergangenheit schon teils paritätisch besetzte Ausschüsse für das betriebliche Vorschlagswesen gebildet haben, wurde nun auch die Regelung der Grundsätze über das betriebliche Vorschlagswesen unter die mitbestimmungspflichtigen Angelegenheiten des § 87 BetrVG aufgenommen.

a) Ungeeignete oder überforderte Vorgesetzte

Mitdenken und Initiative der Mitarbeiter hängen entscheidend vom Verhalten der Führungskräfte ab.

Vorgesetzte, die ihren Führungsaufgaben nicht gewachsen sind, werden es möglichst vermeiden, den Mitarbeitern mitzuteilen, was man von ihnen erwartet. Es mag für sie sehr bequem sein, Mängel nur deshalb hinzunehmen, weil man sie auch in der Vergangenheit nicht beseitigen konnte. Auf die Dauer gesehen beweist ein solches Verhalten erneut die Unfähigkeit der Vorgesetzten.

Geeignete Vorgesetzte finden wohl immer geeignete Mitarbeiter und bringen sie durch Anregung und Vorbild zu eigenem Denken. Dann kann es manchmal sogar geschehen, daß diese wiederum von unten einen Druck auf die Führungskräfte ausüben und sie zwingen, ihrerseits das betriebliche Geschehen neu zu überdenken. In einem amerikanischen Stahlwerk stürzte nach der Neuregelung für Verbesserungsvorschläge eine Flut von Anregungen auf die Vorgesetzten ein und nahm sie durch die Bearbeitung so in Anspruch, daß sie kaum ihre Arbeit schafften. Ein wichtiger Grund für das Interesse der Betriebsangehörigen lag vor allem im Verhalten der Vorgesetzten: sie hatten nicht nur die verwaltungstechnische Bearbeitung übernommen, sondern standen voll hinter der Aktion und wurden sogar in den Sog der Vorschläge mit hineingezogen.

Auch aus japanischen Unternehmen[13] erfahren wir von den vielen Verbesserungsvorschlägen, die sogar ohne Prämien gemacht werden.

Dieses Extrem, das heißt eine Fülle von Verbesserungsvorschlägen und der Druck von „unten", ist – auch wenn es manchmal als unangenehm und zeitraubend empfunden wird – auf jeden Fall besser und wirkungsvoller als Mitarbeiter und Führungskräfte, die sich nur auf die Verwaltung beschränken und am gegenwärtigen Zustand festhalten.

Es gibt jedoch einzelne Unternehmensleitungen, die Initiative und Verbesserungen von seiten der Betriebsangehörigen nicht begrüßen. Sie werden darin bestärkt durch die Erfahrungen einiger anderer Firmen. Etwa die Hälfte von ihnen, die in den letzten Jahren ein betriebliches Vorschlagswesen eingeführt hatten, scheiterte damit, vor allem weil die Personalführung versagte und man die Betriebsangehörigen nicht in der richtigen Weise anzusprechen gewußt hatte. Auf der anderen Seite aber hat sich in manchen Unternehmen schon seit Jahren eine allgemeine Regelung für Verbesserungsvorschläge bewährt. Für alle Kritiker einer solchen betrieblichen Einrichtung sei die Rege-

---

[13] *Gaugler/Zander (Hrsg.)* – Haben uns die Japaner überholt?, Heidelberg 1981

lung für Verbesserungsvorschläge eines deutschen Unternehmens angeführt, die nach fast hundert Jahren unverändert gültig sein könnte:

> „Anregungen und Vorschläge zu Verbesserungen, auf solche abzielende Neuerungen, Erweiterungen, Vorstellungen über und Bedenken gegen die Zweckmäßigkeit getroffener Anordnungen sind von allen Mitarbeitern entgegenzunehmen und durch Vermittlung des nächsten Vorgesetzten an das Direktorium zu befördern, damit dieses ihre Prüfung veranlasse.
>
> Eine Abweisung der gemachten Vorschläge ohne eine vorangegangene Prüfung derselben soll nicht stattfinden, wohingegen denn auch erwartet werden muß, daß eine erfolgte Ablehnung dem Betreffenden, auch wenn ihm ausnahmsweise nicht alle Gründe dafür mitgeteilt werden können, genüge und ihm keineswegs Grund zur Empfindlichkeit und Beschwerde gebe.
>
> Die Wiederaufnahme eines schon abgelehnten Vorschlages unter veränderten tatsächlichen Verhältnissen oder in verbesserter Gestalt ist selbstredend nicht nur zulässig, sondern empfehlenswert."

b) Abneigung gegen Vorschläge und Veränderungen

Im Gegensatz zu den USA ist das Vorschlagswesen in Deutschland nur in wenigen Firmen verbreitet. Woran liegt nun diese zurückhaltende Einstellung bei uns?

Vielfach wird behauptet, das Selbstbewußtsein der Mitarbeiter sei noch nicht ausgeprägt genug und die Betriebsangehörigen zögerten aus Angst, sich bloßzustellen. Sie befürchteten auch, von ihren Kollegen als Streber oder Angeber angesehen zu werden, wenn sie sich am Vorschlagswesen beteiligen. Diese Befürchtung verstärkt sich noch, wenn ein Vorschlag verwirklicht wird und unter Umständen für Kollegen oder den Vorschlagenden selbst den Verlust des Arbeitsplatzes bedeutet.

Von den Mitarbeitern selbst hört man immer wieder Klagen über die ablehnende oder zumindest nicht zustimmende Einstellung der Vorgesetzten, die ihren Eifer lähme. Die Vorgesetzten sähen in jedem Verbesserungsvorschlag eine Kritik an ihrer Arbeit und stemmten sich aus diesem Grunde dagegen.

Ein international bekannter Sachverständiger für Automationsfragen berichtete, daß in einer Fabrik die unteren Führungskräfte das Vorschlagswesen behinderten, weil es nach ihrer Meinung den Eindruck erwecke, als sei das untere Management unfähig. Daraufhin griff die Unternehmensleitung ein und gab bekannt, daß Verbesserungsvorschläge als Beweis für das Interesse der Mitarbeiter und für die sachkundige Führung durch die direkten Vorgesetzten betrachtet werde. In diesem Unternehmen wurden die Mitarbeiter auf dem Wege über das Vorschlagswesen vor Automationsumstellungen konsultiert und wirkten bei der Auswertung mit.

Verschiedene Untersuchungen zeigen deutlich, wie sehr sich das Mißtrauen der Mitarbeiter gegenüber ihrem Vorgesetzten gerade in bezug auf Vorschläge auswirkt. Nicht selten werden sie wegen zu erwartender Schwierigkeiten davon abgehalten, Verbesserungen anzuregen.

Es wäre unfair, die Schuld an der geringen Beteiligung am Vorschlagswesen ausschließlich den Vorgesetzten zuzuschieben. Häufig liegt es an den Mitarbeitern selbst. Viele von ihnen erledigen zuverlässig und sorgfältig die Arbeit, die ihnen aufgetragen ist. Manche schaffen sogar ein größeres Pensum, aber über ihre eigentliche Aufgabe hinaus denken nur wenige. Die meisten sind überhaupt gegen Veränderungen.

Die Gewohnheit aber macht die Leute betriebsblind. Sie sehen nicht, daß vieles in ihrem Bereich noch verbessert werden könnte. Sie sind zu bequem, sich einmal mit neuen Ideen auseinanderzusetzen. Außerdem fühlen sie sich unbehaglich, da sie nicht wissen, welche Folgen eine Veränderung für sie haben kann.

Alle diese Dinge – wie Mißtrauen, Vorurteile, Angst vor Nachteilen – müssen Sie abbauen, wenn Sie das Interesse an Verbesserungen und eigener Initiative in Ihrem Bereich wecken und fördern wollen. Am besten wird Ihnen dies gelingen, wenn Sie Ihre Führungsmethoden von vornherein auf dieses Ziel ausrichten.

c) Förderung durch den Vorgesetzten

Versetzen Sie sich einmal in die Lage eines Mitarbeiters, der voller Ideen zu Ihnen kommt, um Ihnen seine Verbesserung vorzulegen. Statt freundlicher Ermunterung und Ratschläge hört er nur Ausflüchte:

„Das geht nicht so einfach, wie Sie sich das vorstellen!
Das läßt sich in unserem Betrieb nicht durchführen!
Dafür sind wir nicht zuständig!
Daraus entstehen Schwierigkeiten, die Sie nicht übersehen können!
Das wird die Betriebsleitung nie genehmigen!
Wir können uns zur Zeit keine Experimente leisten!
Darüber liegen noch keinerlei Erfahrungen vor!
Im Augenblick haben wir keine Zeit für Umstellungen!
Das wird viel zu teuer!
Das haben wir vor zehn Jahren schon probiert!
Sie haben wohl nicht genug zu tun?
So etwas ist in unserer Branche nicht üblich!
Das können Sie in unserem Unternehmen doch nicht machen!“

Es geht aber nicht allein darum, die Ideen der aufmerksamen und phantasiebegabten Mitarbeiter in die richtigen Bahnen zu lenken. Es gilt vor allem, diejenigen aus ihrem gewohnten Trott zu reißen, die sich bisher wenig oder gar nicht durch Einfälle hervortaten oder denen man eine besondere Aktivität nicht zutraute. Ihre Trägheit und Bequemlichkeit muß durch ständiges Fragen beseitigt werden. Sie müssen immer wieder darauf hingewiesen werden, wie wichtig und nutzbringend Neugierde sein kann. Ihre Angst vor Überraschungen mildert man, indem Veränderungen rechtzeitig angekündigt und die Betriebsangehörigen zur Vorbereitung hinzugezogen werden. Bei alledem ist es wichtig, die Mitarbeiter eingehend zu informieren und sie an der Lösung von betrieblichen Problemen mitwirken zu lassen.

Erwarten Sie aber nicht, daß nur die Spezialisten unter Ihren Mitarbeitern erfolgreich sein werden. Aufmerksame Betriebsangehörige, die vielleicht über geringere Spezialkenntnisse verfügen als andere, aber mit wachen Augen durch den Betrieb gehen und ihren „gesunden Menschenverstand" gebrauchen, bemerken zwar oft nur Kleinigkeiten; ihre Anregungen jedoch haben häufig viel größere Auswirkungen als manche Expertengutachten. Ein erfolgreicher amerikanischer Unternehmer hat sehr offen erklärt: „Wenn ich den Experten gefolgt wäre, hätte ich niemals mein Lebenswerk errichten können. Denn alle entscheidenden Dinge, die ich erreicht habe, waren Dinge, die nach Ansicht der Experten nicht gingen."

Seine Mitarbeiter so weit zu bringen, daß sie diesen gesunden Menschenverstand gebrauchen und ihre Arbeit und ihre Umgebung kritisch betrachten, ist eine der wesentlichen Aufgaben des Vorgesetzten. Befehlen kann selbst ein Dummkopf, wenn er nur mit genügend Machtmitteln ausgestattet ist. Um eine Mitarbeitergruppe aus jahrelanger Gewohnheit und Bequemlichkeit herauszureißen und sie zum Mitdenken zu veranlassen, sind jedoch Führungseigenschaften erforderlich.

In unserer spezialisierten Arbeitswelt können viele Mitarbeiter nur ein schmales Band ihrer Fähigkeiten entfalten. Ein Vorgesetzter, der das Interesse seiner Mitarbeiter so anregt, daß sie Verbesserungsmöglichkeiten entdecken, vervielfacht nicht nur seine eigenen Bemühungen und Verdienste, erhöht nicht nur die Produktivität des Unternehmens, sondern hilft vor allem den Mitarbeitern selbst. Ja, durch Initiative und Mitdenken werden die Betriebsangehörigen erst zu Mitarbeitern.

Einfälle und Initiative kann jeder haben, ohne daß es ein formelles Vorschlagswesen gibt. Doch erleichtert eine Institution das Einreichen der Vorschläge und ihre Anwendung. Falls in Ihrer Firma bis jetzt keine solche Einrichtung da ist, die jeder

Mitarbeiter als neutrale Stelle in Anspruch nehmen kann, schlagen Sie sie vor!

Zeigen Sie deutlich, daß Sie sich damit identifizieren, das Vorschlagswesen also voll und ganz unterstützen, und es nicht nur als eine Formalität ansehen und sich nur zur verwaltungsmäßigen Abwicklung bereitfinden.

Ihre Aufgabe ist es, Initiative zu wecken und die Mitarbeiter so zu führen, daß das Interesse an Verbesserungsmöglichkeiten wachgerufen und wachgehalten wird.

Sie sollten aber nicht nur die Vorschläge Ihrer Mitarbeiter fördern und die Anwendung anerkannter Vorschläge überwachen, sondern selbst über Ihr Aufgabengebiet hinaus Initiative und Aufmerksamkeit zeigen, denn ohne neue Ideen der Vorgesetzten und Mitarbeiter kann ein Unternehmen auf die Dauer nicht existieren.

Kapitel VI

Kompetenz und Verantwortung

„Ein Mensch sagt – und ist stolz darauf –
er geh in seinen Pflichten auf.
Bald aber, nicht mehr ganz so munter,
geht er in seinen Pflichten unter.“
Eugen Roth

Sie sahen sich sicher schon einmal der Schwierigkeit gegenüber, eine Aufgabe erfüllen zu müssen, für die Sie von der Unternehmensleitung nicht gleichzeitig die zur Durchführung notwendigen Vollmachten klar und auch nach außen hin deutlich erkennbar erhielten. Nicht nur Sie selbst gerieten in eine unangenehme Situation, sondern auch die Personen, die von den aus dem Auftrag resultierenden Maßnahmen betroffen wurden. Sie waren der Meinung, es würde in ihre Kompetenz eingegriffen und ihre Zuständigkeit geschmälert und reagierten dementsprechend ablehnend.

Das muß vermieden werden, indem bei der Erteilung eines Auftrages von vornherein die Zuständigkeit deutlich abgegrenzt und bekannt gemacht wird. Diese Forderung sollte in der Organisation und in dem darauf basierenden hierarchischen Aufbau eines Unternehmens seinen Niederschlag finden. Der erste wichtige Grundsatz hierfür lautet: Aufgaben und Kompetenz müssen sich decken; der zweite: Es müssen klare Unterstellungsverhältnisse geschaffen werden.

Was können Sie dazu tun, daß diese Grundsätze befolgt werden und es so möglich ist, die Leistung jedes einzelnen Mitarbeiters optimal in das Betriebsgeschehen einzuordnen? Welcher Hilfsmittel und Richtlinien können Sie sich dabei bedienen?

a) Organisationsplan

Er zeigt in der Regel, auf welche Weise Aufgabengebiete und Arbeitsabläufe zu einem bestimmten Zweck miteinander verbunden sind. Er gibt den augenblicklichen Zustand an, er hat vorwiegend statischen Charakter. Ein klarer, übersichtlicher Organisationsplan (Abb. 6) ist jedoch in vielen Unternehmen noch nicht selbstverständlich. In ihnen wird häufig nach einem geheimen und ungenau festgelegten Organisationsschema gearbeitet, das die Führungskräfte nach ihren eigenen Vorstellungen auslegen und benutzen.

Noch seltener sind Zielsetzungen und Aufgabenbeschreibungen der einzelnen Bereiche anzutreffen, obwohl gerade die Ziele Voraussetzungen für Organisationspläne und Stellenbeschreibungen sein sollten.

Betriebe, die sich um die Aufstellung eines klar gegliederten und der sachgerechten Durchführung von Aufgaben dienlichen Organisationsplanes bemühten, machten dabei die folgenden Erfahrungen, aus denen sich dann wiederum einige Grundsätze ableiten lassen:

1. Die Aufgabenbereiche von Vorgesetzten und Mitarbeitern müssen klar abgegrenzt, nach einheitlichen Maßstäben festgelegt und beschrieben sein. Jeder muß die damit verbundene Kompetenz kennen.
2. Eindeutige Unterstellungsverhältnisse schaffen klare Verhältnisse und mindern Reibereien. Ein Mitarbeiter soll auf die Dauer nicht mehr als einem Vorgesetzten unterstellt sein; Ausnahmen sind auf sachlich notwendige Fälle zu beschränken.
3. Kontrollbereiche eines Vorgesetzten dürfen nicht zu groß angelegt sein, sondern müssen noch überschaubar sein, um ihm jederzeit einen Überblick zu ermöglichen. Auf diese Weise bleibt der persönliche Kontakt zwischen Mitarbeitern und direkten Vorgesetzten erhalten.

Nun werden viele nach dem Sinn fragen, den ein schriftlich fixierter Organisationsplan haben kann, da der technische

Abbildung 6:

Organigramm einer mittelgroßen Brauerei

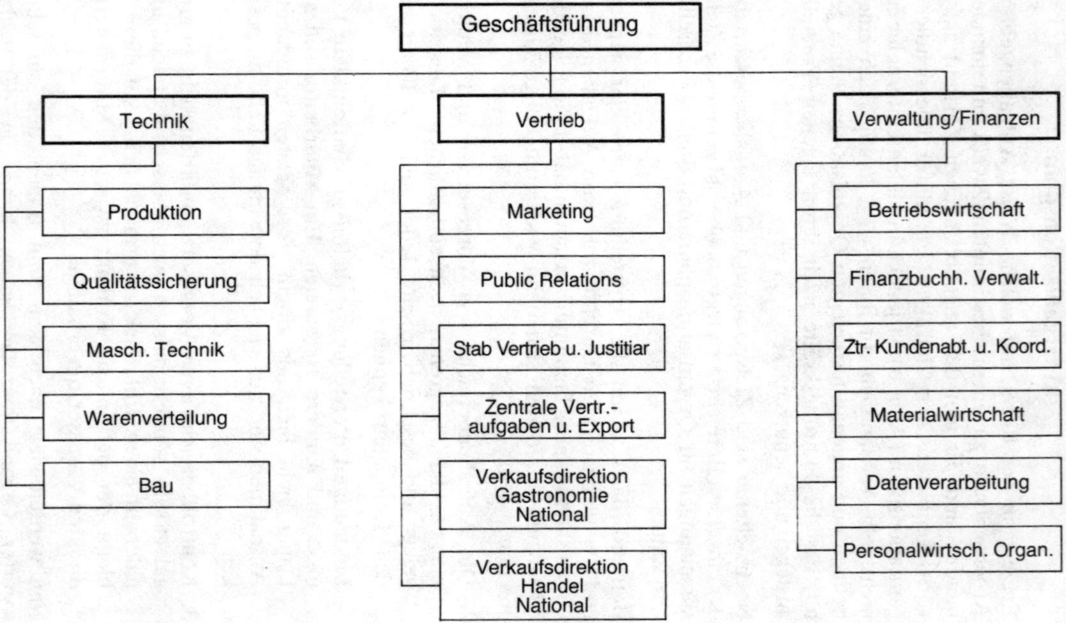

und wirtschaftliche Fortschritt doch laufend Veränderungen mit sich bringt. Aber gerade der Vergleich der Ist-Organisation mit der von uns subjektiv für richtig angesehenen Soll-Organisation ermöglicht uns erst einen tieferen Einblick in die Ursachen von Veränderungen. Wir können die angewandten Methoden besser überprüfen und die für eine optimale wirtschaftliche Leistung erforderlichen Verhältnisse neu überdenken und ordnen. Es läßt sich auch jetzt besser feststellen, ob Aufgaben gewechselt haben, ob in einigen Bereichen ein beträchtlicher Leerlauf ist, in anderen sich dagegen die Arbeit häuft.

Wenn Sie diesen Vergleich nicht ziehen können, erhalten Sie leicht das Gefühl, die Situation nicht mehr zu überblicken; Sie und Ihre Mitarbeiter werden gezwungen, sich Dingen anzupassen, die sich Ihrer Kontrolle entziehen, und werden also weniger Verständnis für die Notwendigkeit einer Änderung aufbringen. Werden aber Veränderungen und Ergänzungen der Organisation mit Hilfe der Mitarbeiter vorgenommen und allgemein bekanntgemacht, wird in den meisten Fällen damit dem Widerstand gegen betriebliche Veränderungen die Grundlage entzogen.

Ein Organisationsplan muß regelmäßig den veränderten organisatorischen und personellen Gegebenheiten angepaßt werden, wenn er diesen Zweck erfüllen und Gültigkeit und Aussagekraft behalten soll.

b) Delegation von Verantwortung

Ein zweites Problem, mit dem Sie sich immer wieder auseinanderzusetzen haben, ist die Frage der Delegation von Verantwortung an Ihre Mitarbeiter, daß heißt, wieweit Sie sie eigenverantwortlich einsetzen sollen. Sie haben ebenfalls zu entscheiden, ob nicht in vielen Fällen Arbeiten von Ihren Mitarbeitern besser ausgeführt werden, die Sie selbst nur belasten und von wichtigeren Aufgaben fernhalten.

Oft ist es auch eine praktische Notwendigkeit, die die Führungskräfte veranlaßt, ihren Mitarbeitern ein größeres Maß an

Verantwortung zu übertragen. In den letzten Jahren gingen auch verschiedene Unternehmensleitungen dazu über, Verantwortung stärker zu delegieren und dies in Stellenbeschreibungen festzuhalten.

Die Forderung, Aufgaben und Kompetenzen zu delegieren, klingt leider einfacher, als sie in Wirklichkeit ist. Wenn Führungskräfte versuchen, die theoretisch vorgetragenen Ideen in die Praxis umzusetzen, erzielen Sie manchmal erstaunliche Erfolge. Oft aber sind die Begriffe „Verantwortung" und „Delegation" nicht genau definiert und werden deshalb von ihren Mitarbeitern mißverstanden, so daß der Erfolg ausbleibt.

So einfach zu lösen ist das Problem nicht, wie jemand einmal vorschlug: Man könne Führungskräfte leicht dazu bringen, Aufgaben zu delegieren; man müsse ihnen nur genügend Mitarbeiter direkt unterstellen. Von einer Theorie der „Delegation" bis zur praktischen Anwendung ist nämlich ein weiter Weg, den nicht jeder Vorgesetzte bewältigen kann. Vielfach ist das Ziel unklar, oft bedarf die Einstellung zur Menschenführung überhaupt und die Haltung den Mitarbeitern gegenüber einer Änderung.

Was läßt sich nun aber im einzelnen delegieren? Darüber sind sich nicht einmal die Fachleute einig. Am einfachsten ist es bei der Arbeit, die sich zweifellos übertragen läßt. In jedem Staat und in jedem Unternehmen wird man, entweder durch Befehl oder durch Dienstanweisung, die Arbeit verteilen können. Dabei besteht freilich die Gefahr, daß aus unsachlichen Gründen die Verteilung in wenig sinnvoller Weise vorgenommen wird. Kernpunkt der Arbeitsverteilung ist die Frage, ob dies, vom Verteilenden aus gesehen, notwendig ist und ob unter Berücksichtigung aller Auswirkungen ein anderer die Arbeit wirtschaftlicher verrichten kann.

Schwieriger wird es schon bei der Übertragung von Kompetenzen. Mehrere Voraussetzungen müssen dafür erfüllt sein. Sie wurden bereits zu Anfang dieses Kapitels erwähnt, sollen hier jedoch noch einmal aufgezählt werden. Es sind dies eine genaue Aufgabenabgrenzung und -verteilung, eindeutige Unterstellungsverhältnisse und eine klare Rangordnung. Die Kompetenzen sollen der jeweiligen Rangstufe entsprechen, d. h. daß die Zahl der Befugnisse mit der aufsteigenden Stellung in der betrieblichen Hierarchie wächst.

Am schwierigsten ist jedoch zu beurteilen, wie weit Verantwortung übertragen werden kann. Jeder Unternehmer hat eine Verantwortung, von der er sich nicht freimachen kann. Als Vorgesetzter werden Sie auch immer dafür verantwortlich sein, in welchem Rahmen Sie delegieren und Mitarbeiter auswählen, denen Sie Arbeitskompetenzen und Verantwortung anvertrauen. Es wird sich gewiß nicht einheitlich festlegen lassen, wie weit Ihre Verantwortlichkeit bei der Auswahl und der Überwachung Ihrer Mitarbeiter geht. Doch werden in der Praxis selten Fälle vorkommen, in denen Sie sich beim Versagen eines Ihrer Mitarbeiter von jeder Verantwortung lösen können. Deshalb unterscheidet man zur Erleichterung des Delegierens zwischen der Führungs- und der Handlungsverantwortung. Die eigene Führungsverantwortung – richtige Auswahl, Information, Kontrolle und Beurteilung – für die unmittelbar zugeordneten Mitarbeiter kann nicht übertragen werden. Nur die Handlungsverantwortung kann überhaupt delegiert werden. Dabei handelt es sich um das Einstehenmüssen für die zielgerechte Sacherledigung gegenüber dem Delegierenden.

Wenn Sie sich nun zur Übertragung von Pflichten und Verantwortung auf Ihre Mitarbeiter entschließen, dann sollten Sie nur noch eingreifen, wenn sich diese der Verantwortung nicht mehr gewachsen zeigen. Am Beispiel des sogenannten Subsidiaritätsprinzips aus der allgemeinen Sozialpolitik sei dies verdeutlicht. Es besagt, daß die größere Einheit immer nur dann eingreifen soll, wenn die kleinere Einheit diese Aufgabe nicht mehr erfüllen kann. Damit ist zum Beispiel gemeint, daß der Staat erst dann die Betreuung oder Fürsorge des Menschen übernehmen sollte, wenn dies der Familie oder einer anderen kleineren Gemeinschaft nicht mehr möglich ist.

Wollen Sie erfolgreich delegieren, dann sollten Sie

1. den Verantwortungsbereich klar abgrenzen;

2. sorgfältig den Mitarbeiter danach auswählen;
3. eindeutige Anweisungen geben;
4. Ihre Hilfe anbieten und
5. den Mitarbeiter überprüfen und das Ergebnis mit ihm durchsprechen.

Bis jetzt war nur die Rede von den Voraussetzungen und Grundsätzen, die die Führungskräfte zu beachten haben. Auf der anderen Seite reicht aber der Wille der Arbeitnehmer, Verantwortung in ihrem Wirkungsbereich zu tragen, allein nicht aus. Auch sie haben bestimmten Ansprüchen zu genügen. Sie müssen die Fähigkeit besitzen, die ihnen übertragenen Aufgaben sachgerecht und mit den besten Methoden angemessen erledigen zu können; sie müssen bereit sein, sich dem gemeinsamen Unternehmensziel trotz ihrer Selbständigkeit unterzuordnen; sie haben schließlich die Verpflichtung, dem Vorgesetzten abweichende Ansichten darzulegen und auf gefährliche Entwicklungen aufmerksam zu machen.

c) Eigenverantwortliches Handeln der Mitarbeiter

Natürlich können Sie nicht von jedem Betriebsangehörigen schöpferische Leistungen und kritisches Denken erwarten; aber fast jeder von ihnen wird über eine bestimmte Begabung verfügen und im Laufe seines Berufslebens Erfahrungen gesammelt haben. Es wird an Ihnen liegen, sie für das Unternehmen nutzbringend einzusetzen. Erfolgreiches Delegieren setzt neben dem Erkennen der Aufnahmemöglichkeit voraus, daß rechtzeitige und ausreichende Informationen, entsprechendes Planen und Anweisen sowie Anerkennung und Kritik vom Vorgesetzten praktiziert werden. Es setzt auch voraus, daß der Mitarbeiter zur Übernahme von Verantwortung bereit ist. Neben anderen Eigenschaften verlangt das nämlich einigen Mut, der weder bei jeder Führungskraft noch bei jedem Mitarbeiter in ausreichendem Maß vorhanden ist. Verantwortlich sein heißt, eigene Freiheit und Rechte nicht voll ausschöpfen.

Abbildung 7: Gewicht der Verantwortung in den betrieblichen Funktionsstufen

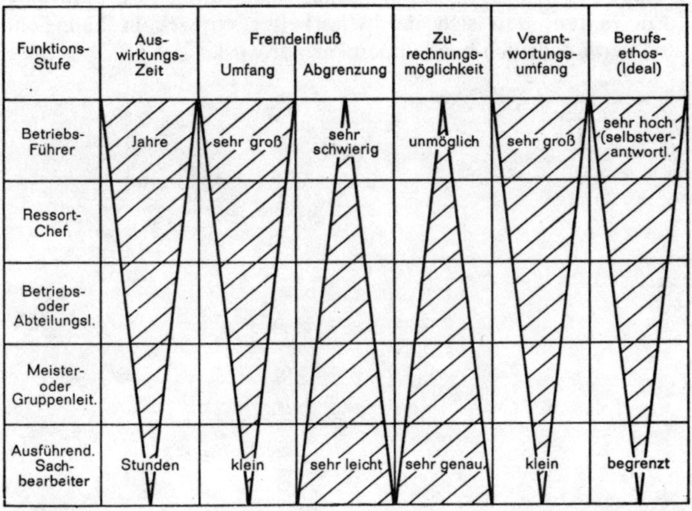

nach Kunze, H. H., Aufgabe und Wert der Industriearbeit, Berlin 1969.

Viele Führungskräfte haben erkannt, daß Übertragen von Kompetenz und Verantwortung eine ihrer wichtigsten Aufgaben in der Personalführung ist. Damit werden auch die ethischen Kräfte der Mitarbeiter angesprochen und Initiative und schöpferische Gedanken angeregt. Durch das sinnvolle Zusammenwirken von Freiheit und Verantwortung kann erreicht werden, daß viele Mitarbeiter in ihrem Beruf mehr sehen als nur die Notwendigkeit, Geld zu verdienen.

Als Vorgesetzter sollen Sie Ihren Mitarbeitern die Befugnisse erteilen, die sie zur sachgerechten und wirtschaftlichen Erfüllung ihrer Arbeit brauchen. Die Zuständigkeiten und Unterstellungsverhältnisse müssen erkennbar abgegrenzt und das Aufgabengebiet überschaubar sein. Die Verantwortung muß mit den Kompetenzen übereinstimmen. Sie sollen durch Ihre Führungsform helfen, daß sich der Mitarbeiter entwickeln kann und zum verantwortlich handelnden Partner wird.

Kapitel VII

Bewertung der Arbeit

„Die Arbeit hat bittere Wurzeln, aber süße Frucht.“

Aristoteles

Sie selbst und auch Ihre Mitarbeiter erwarten, daß man Ihre Leistung entsprechend der aufgewandten Mühe und der Belastung vergütet. Sie wollen gerecht entlohnt werden. Was aber ist ein „gerechter“ Lohn und wie soll er bestimmt werden? Sollen die Bedürfnisse des Arbeitnehmers berücksichtigt werden, sein sozialer Status, sein Alter oder die Zahl seiner Kinder? Oder ist es sinnvoller, die Schwierigkeiten der Arbeit und den persönlichen Einsatz als Grundlage für die Lohnfestsetzung zu nehmen?

a) Verschiedene Lohnformen

Im Laufe der Jahre haben sich sehr viele unterschiedliche Lohn- und Gehaltsformen herausgebildet. Sie alle aufzuzählen, ginge weit über den Rahmen dieses Taschenbuches hinaus. Wir beschränken uns daher nur auf die wesentlichsten.

Weit verbreitet ist der Zeitlohn, auch Grundlohn genannt. Er richtet sich vorwiegend nach der Ausbildung des Arbeitnehmers, das heißt danach, ob er ungelernt, angelernt oder gelernter Handwerker ist. Auf diesen Grundlohn werden oft Leistungszulagen aufgeschlagen.

Für Arbeiter gilt in verschiedenen Unternehmen, besonders in Produktionsbetrieben, der Akkordlohn. Man unterscheidet einmal nach Einzel- und Gruppenakkord und zum anderen nach Zeit- oder Geldakkord. Die beiden letzteren kommen auch kombiniert vor. Grundlage des Akkords kann auch die noch eingehend beschriebene Arbeitsbewertung sein.

Die Entlohnung nach Akkord geht zurück. Dagegen nimmt eine Vergütung in Form von Einzel- oder Gruppenprämien in den letzten Jahren zu. In den meisten Fällen wird die Prämie neben dem Grundlohn oder -gehalt gezahlt und nach verschiedenen, gelegentlich nach mehreren kombinierten Maßstäben errechnet. Die wichtigsten Prämiengrundlagen sind Güte und Menge der geleisteten Arbeit, Kostenersparnis, Sorgfalt, Einhaltung von Terminen, rationelle Ausnutzung der Maschinen usw.

b) Arbeitsbewertungssysteme

Die technische Entwicklung erschwert es immer mehr, diese Grundlagen beizubehalten, ohne daß weitgehende Nachteile entstehen. Der Einsatz komplizierter, z. T. vollautomatisierter Maschinen macht es dem einzelnen oft unmöglich, direkten Einfluß auf den Arbeitsablauf zu nehmen. Er vermag also immer weniger, selbst Menge und Qualität der Produkte zu bestimmen. So tritt der Zeitlohn, ergänzt durch spezielle Bewertungssysteme, auch für die gewerblichen Tätigkeiten zunehmend in den Vordergrund.

Man hat wiederholt versucht herauszufinden, welche Form des Entgelts den Leistungen, der Ausbildung oder der Verantwortung, kurz: den Anforderungen, die ein Arbeitsplatz an die Arbeitnehmer stellt, am ehesten gerecht wird. Diese Überlegungen führten zur Entwicklung von Arbeitsbewertungssystemen, die mittlerweile weit verbreitet sind[14]. In jüngster Zeit beschäftigt man sich sogar bei Beamten mit dieser Frage. Obwohl die Arbeitsbewertung zunächst grundsätzlich nichts mit der Festsetzung jedes einzelnen Gehalts oder Lohnes zu tun hat, ist sie doch die wichtigste Voraussetzung. Die Ergebnisse der Arbeitsbewertung, das heißt die Punktwerte für jede Anforderungsart, werden mit einem bestimmten Geldfaktor multi-

[14] *Zander/Knebel*, Taschenbuch für Arbeitsbewertung, Heidelberg 1978; *Zander/Knebel*, Taschenbuch für Leistungsbeurteilung und Leistungszulagen, Heidelberg 1980.

pliziert; das ist dann das endgültige Entgelt. Für Sie als Vorgesetzten ist es heute unumgänglich, daß Sie mit Fragen der Arbeitsbewertung vertraut sind, selbst wenn Ihr Unternehmen sie nicht oder noch nicht eingeführt hat. Die Kenntnisse aus der Arbeitsbewertung helfen bei Personaleinsatz und anderen Menschenführungsproblemen.

Der Begriff der Arbeitsbewertung wird in Praxis und Wissenschaft sehr eng ausgelegt. Danach erfaßt und mißt die Arbeitsbewertung die objektiv feststellbaren Unterschiede in den Schwierigkeiten, die bei den einzelnen Arbeitsplätzen oder Arbeitsvorgängen auftreten. Die persönliche Leistung des einzelnen Mitarbeiters bleibt unberücksichtigt. Das heißt also, nur die Anforderungen des Arbeitsplatzes werden bewertet und nicht die Leistung, die an ihm erbracht wird. Man nennt die Verfahren deshalb auch gelegentlich Arbeitsplatzbewertung.

Es gibt mehrere Verfahren dieser Bewertung. Nach der summarischen Methode wird ein Arbeitsplatz ungegliedert bewertet; bei der analytischen Methode erfolgt eine Analyse des Arbeitsplatzes nach den einzelnen Anforderungsarten, wie Können, Erfahrung, geistige oder körperliche Beanspruchung und Verantwortung für die eigene Arbeit. Heute steht die analytische Arbeitsbewertung, die oft noch in Punktwertverfahren und Rangreihenverfahren aufgeteilt wird, im Vordergrund. Innerhalb der summarischen Methoden gibt es Katalog- und Rangfolgeverfahren.

c) Anforderungsarten und Gewichtung

Auf dem 1. internationalen Kongreß für Arbeitsbewertung im Jahre 1950 in Genf wurde eine Gliederung der Anforderungsarten für die analytische Arbeitsbewertung erarbeitet, die sich als das sogenannte „Genfer Schema" weitgehend durchgesetzt hat. Danach unterscheiden die Fachleute geistiges und körperliches Können – geistige und körperliche Belastung – Verantwortung für Arbeitsmittel, Ablauf und Sicherheit – und Merkmale, bei denen die Umwelteinflüsse eine Rolle spielen.

Mit geistigem Können sind vor allem Berufsausbildung, Erfahrung und Denkvermögen gemeint. Es ist das Wissen und Können, das ein Mitarbeiter für seinen Arbeitsplatz mitbringen muß, also durch Ausbildung und Erfahrung erwarb.

Unter dem körperlichen Können versteht man Geschicklichkeit, Handfertigkeit und Muskelkraft. Entsprechende Eignung und Übung sind nötig, damit die Arbeitsbewegungen mit Sicherheit und Genauigkeit ausgeführt werden können.

Ähnlich wie beim Können spricht man auch von der körperlichen und geistigen Arbeitsbelastung. Durch das angespannte Beobachten und Verfolgen des Arbeitsablaufes und durch die stärkere Nervenbelastung bei der Bedienung komplizierter Maschinen gewinnt das Merkmal „geistige Anstrengung" gegenüber der „körperlichen Anstrengung" an Bedeutung. Neue Produktionsmethoden und Maschinen sorgen dafür, daß viele Arbeitnehmer nicht mehr in dem Maß wie früher körperlich über eine längere Zeit hinweg stark beansprucht werden.

Mit der fortschreitenden Automatisierung verschieben sich auch bisher vorwiegend oder weitgehend manuelle Tätigkeiten immer weiter zu den geistigen Anforderungen, was die Trennung in geistiges Können und körperliches Können zunehmend erschwert. Es gehen darum in letzter Zeit Unternehmen dazu über, die Anforderungsgruppe Können auf „Ausbildung" (geistiges und körperliches Können) und „Erfahrung" zu beschränken. In Abbildung 8 auf S. 74 ist so ein Beispiel angezeigt.

Dagegen ist eine andere Anforderungsart in den Vordergrund gerückt: die Verantwortung. Verantwortung für Betriebsmittel, Arbeitsablauf und Sicherheit – diese Merkmale finden sich in fast allen analytischen Bewertungsverfahren. Von einem Mitarbeiter, der für den Arbeitsablauf verantwortlich ist, wird verlangt, daß er die vorhandenen Betriebsmittel voll ausnutzt und Verluste vermeidet. Er hat oft die Tätigkeit anderer zu überwachen, damit die Arbeit planmäßig und rechtzeitig verrichtet wird. Dabei muß berücksichtigt werden, wie groß der Verantwortungsbereich eines Mitarbeiters ist, in welchem Maß er selbständig entscheiden kann und damit einen Einfluß auf das Gesamtergebnis ausübt. Die Verantwortung für die Sicherheit am Arbeitsplatz muß gleichfalls erwähnt werden. Einige Unternehmen beziehen auch die Aufgaben der Menschenführung in diesen Komplex mit ein. Die Verantwortung für das Personal kann je nach dem Umfang der Arbeitsaufsicht und nach der Qualifikation der unterstellten Arbeitnehmer abgestuft werden.

Verschiedene Bewertungssysteme sehen Zusatzmerkmale vor. Neben einer Belastung durch Schmutz, Lärm, Staub und Dämpfe werden, besonders im Ausland, weitere Anforderungen berücksichtigt: Verschwiegenheit, Vertrauenswürdigkeit, menschliche Beziehungen innerhalb und außerhalb des Betriebes, unregelmäßiger Dienst, Takt, Phantasie, Initiative und andere.

Die analytischen Arbeitsbewertungsverfahren ordnen den einzelnen Merkmalen einen unterschiedlichen Wert zu; sie gewichten sie. Dabei geht man von der Überzeugung aus, daß für den Arbeitsplatz notwendige geistige Fähigkeiten zum Beispiel höher zu bewerten seien als körperliche. Diese Verschiebung der Schwerpunkte von den körperlichen auf die geistigen Anforderungen ist, wie oben schon erwähnt, eine Folge der technischen und wirtschaftlichen Entwicklung.

Die Teilnehmer des letzten internationalen Kongresses für Arbeitsbewertung kamen 1977 in Amsterdam zu der Schlußfolgerung, es sollten Systeme einheitlich für Arbeiter, Angestellte und Führungskräfte angestrebt werden.

Die praktische Anwendung eines bestimmten Gewichtungsgrundsatzes mag folgendes Beispiel veranschaulichen: In der Anforderungsart „geistiges Können" bilden die Ausbildungsabschlüsse meist den Maßstab – also abgeschlossene Lehre, Meisterprüfung oder Examen an einer Fach- oder Hochschule. Da dem geistigen Teil der Berufsausbildung ein höherer Wert beigemessen wird (er wird höher gewichtet) als dem manuellen, erhält ein Arbeitsplatz mit hohem geistigen, aber geringem kör-

Abbildung 8:
Rangreihen der Stellenbezeichnungen und Punktbewertung

STELLENBEZEICHNUNG	Können			Beanspruchung			Verantwortung				GESAMT
	Ausbildung	Erfahrung		geistige	körperl.		für die eigene Arbeit 80 %		für Personalführung		
	1.1	1.2	Su.	2.1	2.2	Su.	3.1.1	3.1.2	3.2	Su.	Su.
Kfm. Rangreihe											
Schreibdiensthelfer	2	—	2	4	5	9	2	—	—	2	13
Maschinenschreiberin	7	—	7	7	5	12	2	—	—	2	21
Phonotypistin	13	—	13	7	5	12	5	—	—	5	30
Automatenschreiber	13	4	17	15	5	20	8	—	—	8	45
Arztsekretärin	17	4	21	15	3	18	12	—	—	12	51
Gruppenphonotypistin	13	6	19	15	3	18	12	10	9	19	56
1. Gruppenphonotypistin	21	6	27	20	3	23	17	14	9	23	73
EDV-Operator	25	4	29	26	3	29	22	—	—	22	80
1. EDV-Operator	25	8	33	26	3	29	22	—	—	22	84
Leiterin Zentraler Schreibdienst	25	8	33	26	1	27	28	23	9	32	92
Schichtf. EDV-Operator	25	8	33	33	3	36	28	23	12	35	104
Leiter Ruhegeldstelle	37	8	45	33	1	34	35	28	6	35	114
Leiter Kontenpflege	37	8	45	33	1	34	35	28	12	40	119
Techn. Rangreihe											
Angelernter Helfer B0	7	2	9	4	8	12	2	—	—	2	23
Betriebshandwerker	7	6	13	7	8	15	2	—	—	2	30
Relaismonteur	17	4	21	7	8	15	8	—	—	8	44
M- und Regelgeräterevisor	17	4	21	15	5	20	12	—	—	12	53
Revisor mech. Meßgeräte	21	8	29	15	8	23	12	—	—	12	64
Selbst. M- und Regelgeräterevisor	21	8	29	20	5	25	17	—	—	17	71
Leiter Zentr. Werkzeugausgabe	21	8	29	20	3	23	22	18	9	27	79
Meister Leuchten I	29	6	35	20	3	23	22	18	12	30	88
Techniker Fehlerortung	37	8	45	26	3	29	22	18	4	22	96
1. Meister Fernmeßtechnik	29	8	37	26	3	29	28	23	12	35	101
Maschinenbauingenieur	42	7	49	33	1	34	28	—	—	28	111
Ltr. Zerstörungsfreie Werkstoffprüfung	42	9	51	41	1	42	35	28	9	37	130

Abbildung 9:

	Aufnahmebogen Stellenbeschreibung	
Name des Stelleninhabers	Welche Bezeichnung hat Ihre Stelle?	Welche Rangstufe hat Ihre Stelle?

Welcher Stelle sind Sie organisatorisch unterstellt?	Welcher anderen Stelle müßten Sie unterstehen, um wirkungsvoller arbeiten zu können?
Wer gibt Ihnen – außer Ihrem direkten Vorgesetzten – Weisungen und welcher Art sind diese?	Welche Weisungsbefugnisse anderer Stellen Ihnen gegenüber sollten eingeschränkt oder ausgedehnt werden?
Welche Stellen sind Ihnen direkt unterstellt?	Welche dieser Stellen brauchten Ihnen nicht direkt zu unterstehen oder welche müßten Ihnen zusätzlich direkt unterstellt sein, damit Ihr Bereich wirkungsvoller arbeiten kann?
Welchen Stellen – außer den Ihnen organisatorisch direkt unterstellten – geben Sie Anweisungen und welcher Art?	Gegenüber welchen Stellen sollten Ihre Weisungsbefugnisse eingeschränkt oder ausgedehnt werden?
Wer nimmt Ihre Aufgaben bei Ihrer Abwesenheit wahr?	Sind Sie der Auffassung, daß Ihre Vertretung anders geregelt werden sollte und wenn ja, wie?
Welche Stelleninhaber vertreten Sie?	Sind Sie der Auffassung, daß die Vertretungen anders geregelt werden sollten und wenn ja, wie?
Welche speziellen Vollmachten und Berechtigungen haben Sie, die nicht an die Rangstufe gebunden sind und damit über die allgemeine Vollmachtenregelung hinausgehen?	Welche speziellen Vollmachten und Berechtigungen fehlen Ihnen, damit Sie wirkungsvoller arbeiten können; oder können spezielle Vollmachten und Berechtigungen entfallen?
Welche Tätigkeiten führen Sie aus? Beschreiben Sie dabei auch, in welchen Fällen Sie entscheiden oder andere beraten?	Was müßte sich an Ihrer Tätigkeit ändern, damit Sie wirkungsvoller arbeiten können? Welche Tätigkeiten, die heute an anderer Stelle erledigt werden, gehörten nach Ihrer Auffassung zusätzlich zu Ihrem Aufgabenbereich? In welchen Fällen sollte man Ihnen im Gegensatz zur bisherigen Praxis die Entscheidung überlassen oder die gegenseitige Beratung und Information verbessern? Welche der aufgeführten Tätigkeiten sollten zweckmäßigerweise an anderer Stelle erledigt werden?

Versuchen Sie, nachdem Sie Ihre Tätigkeit beschrieben haben, das Ziel zu formulieren, das mit Ihrer Tätigkeit für das Unternehmen erreicht werden soll!

DATUM STELLENINHABER

perlichen Können, z. B. Diplom-Ingenieurausbildung, stets mehr Punkte als z. B. der Platz einer Spulenwicklerin, auch wenn große Geschicklichkeit vorausgesetzt wird.

Um Ihnen diese kurzen Bemerkungen über die Arbeitsbewertung etwas anschaulicher zu machen, seien einige Arbeitsplätze angeführt (Abb. 8).

Wie der betroffene Arbeitnehmer bei der Aufnahme der Tätigkeiten und Aufgaben an seinem Arbeitsplatz beteiligt ist, und wie er seinen Bereich zweckdienlich ändern würde (Wunschvorstellung), geht aus folgender Aufstellung hervor, die Fragen zur Ist- und persönlichen Soll-Vorstellung umfaßt (Abb. 9, S. 75).

Einschließlich der Ergebnisse der Arbeitsanalyse und weiterer Organisationsunterlagen entsteht dann die „Stellenbeschreibung" (Abb. 10 und 11 S. 77 ff.) z. B. „Leiter mechanische Meßgeräte" und die entsprechende Bewertung.

d) Einführung und Auswirkung

Sollten Sie in Ihrem Unternehmen bereits eine Arbeitsbewertung eingeführt haben, so werden Ihnen die folgenden Absätze nichts Neues sein. Vielleicht geben sie Ihnen aber Hinweise, wie Sie eventuell in Ihrem Bereich aufgetretenen Schwierigkeiten begegnen können. Von der Art und Weise der Einführung hängen nämlich der spätere Erfolg und die Anerkennung seitens der Mitarbeiter zu einem erheblichen Teil ab. Wenn sie reibungslos vonstatten geht, sollten Sie sich nicht täuschen; nicht immer ist es der Beweis dafür, daß alles in Ordnung ist.

Die Arbeitsbewertung ist eine Gemeinschaftsarbeit. Die Verantwortung trägt nicht allein die Arbeitsstudien- oder Personalabteilung, sondern jeder Vorgesetzte. Seine Aufgabe ist es in besonderem Maße, Betriebsangehörige und Vertreter der Arbeitnehmer von den sachlichen Vorteilen dieses Verfahrens zu überzeugen.

Abbildung 10:

	STELLENBESCHREIBUNG	Kennziffer 12.143.2.AF

1. Stellenbezeichnung Leiter mechanische Meßgeräte	**2. Rangstufe**	**3. Ersatz für** –10.027.2 A–

4. Zielsetzung/Aufgabenstellung

Wirtschaftliche und termingerechte Instandsetzung, Prüfung, Wartung und Störungsbeseitigung überwiegend mechanischer Meßgeräte für Druck, Temperatur und Durchfluß einschließlich deren Umbau durch sachgerechte Disposition und Entscheidung im Sachgebiet.

5. Stellenbezeichnung des unmittelbaren Vorgesetzten

Leiter Meßgeräte (Gruppenleiter)

6. Stellenbezeichnungen der direkt unterstellten Mitarbeiter

Revisor mechanische Meßgeräte
Spez. Meßgerätemechaniker
Meßgerätemechaniker
Mechaniker Temperaturmeßgeräte
Selbst. Elektromechaniker für Meß- und Versuchsaufbau

7. Der Stelleninhaber wird vertreten von

8. Der Stelleninhaber vertritt

9. Spezielle Befugnisse *(Hier sind spezielle Vollmachten und Berechtigungen aufzuführen, die nicht an die Rangstufe gebunden sind und darum über die allgemeine Vollmachtenregelung hinausgehen.)*

Der Stelleninhaber darf die im Rundschreiben 100 für seine Rangstufe festgelegten Vollmachten nur in dem Umfange ausschöpfen, wie dieses zur Erfüllung der im Feld 10 seiner Stellenbeschreibung wiedergegebenen Aufgaben und Kompetenzen notwendig ist.

SV: zum Anfordern und Rückgeben von Lagermaterial
HEW-Fahrgenehmigung Kl. III
B-Verpflichtung lt. RVO

10. Beschreibung der fachlichen Tätigkeiten, die der Stelleninhaber im Rahmen der Führungsgrundsätze selbständig auszuführen hat.

Der Stelleninhaber

– plant den Arbeitsablauf und ermittelt den Materialbedarf für die Instandhaltung von mechanischen Temperatur-, Druck- und Durchflußmeßgeräten und von elektrischen Meßwertgebern für Temperatur.
– erstellt für nachträglich einzurichtende Temperaturmeßanordnungen Meßzeichnungen.

noch Abbildung 10:

- führt die Wartungsliste für Feinmeßmanometer, Mengenmesser, Thermoelemente und informiert die Benutzer der Geräte über erforderliche turnusmäßige Prüfungen.
- erstellt für Wartungs- und Grundüberholungsarbeiten an mechanischen Durchfluß-Meßgeräten einen Kapazitätsplan.
- klärt durch Rücksprache Art und Umfang von Störungen an o. g. Geräten und trifft zur Störungsbehebung erforderliche Terminabsprachen.
- schätzt den Arbeitsaufwand für die im Sachgebiet auszuführenden Grundüberholungsarbeiten.
- erstellt Kostenvorschläge für die Fertigung z. B. von Thermoelementen, Ausgleichsleitungen und Rauchgaslanzen.
- erstellt Bedarfsmeldungen für Material und Leistungen und kontrolliert Bestellung, Auftragsbestätigung, Lieferscheine und Rechnungen auf sachliche Richtigkeit.
- entscheidet über den Aufwand von Instandsetzungs- und Wartungsarbeiten nach allgemeinen Richtlinien.
- berät andere HEW-Bereiche in gerätetechnischen Fragen.
- führt Abnahmeprüfungen aus an Präzisionsthermoelementen und an Geräten, die in die Regelung eingeschleift werden sollen.
- entscheidet abhängig von dem zu erwartenden Reparaturaufwand über die Verschrottung von Betriebs- und Feinmeßmanometern und berät darüber hinaus den Vorgesetzten z. B. bei Durchflußmengenmessern und Kolbenmanometern.
- erstellt auf Wunsch des Betriebes Reparaturberichte.
- analysiert Schwachstellen an oben angeführten Geräten aufgrund wiederkehrender Fehler.
- entscheidet über aufzuwendende Überstunden bis zu einer täglichen Arbeitszeit von 10 Stunden.
- entscheidet über die Prüfung der von Fremdfirmen gelieferten neuen oder reparierten Geräte und legt den Prüfumfang fest.
- schlägt dem Vorgesetzten die Nacharbeit oder Reklamation zur Behebung von Mängeln vor.
- entwirft Korrespondenz und führt Gespräche mit dem Hersteller bei Mängeln in der Geräteausführung und Beanstandungen an Bauelementen.
- schlägt dem Vorgesetzten Umbaumaßnahmen zur Ertüchtigung älterer Geräte sowie bei Ersatzteilmangel vor bzw. berät den Betrieb in diesen Fragen.
- berät ML in Fragen der Bereithaltung von Ersatzteilen und bei der Festlegung von Mindestmengen.
- beschafft und archiviert Herstellerdokumentationen im Hinblick auf die Instandsetzung der im Sachgebiet bearbeiteten Geräte.
- schlägt vor und entwirft Arbeitsvorrichtungen und Prüfgeräte.
- disponiert den Personaleinsatz für wärmetechnische Betriebsmessungen.
- steuert den Verleih der im Sachgebiet verwendeten Meß- und Prüfgeräte an andere Betriebsbereiche.
- führt die im Sachgebiet notwendigen Statistiken z. B. Monatsstatistik.
- unterrichtet Auszubildende über Fachthemen des Sachgebietes.

Bei der Stellenbeschreibung wurde eine rationelle Arbeitsverteilung berücksichtigt. Diese Arbeitsverteilung wird – soweit nicht bereits geschehen – spätestens innerhalb der nächsten 12 Monate verwirklicht.

Datum	Datum	Einführungsdatum
unmittelbarer Vorgesetzter	Abteilungsleiter oder HA-Leiter	Organisation

Abbildung 11:

	BEWERTUNGSBOGEN **TARIF**	Kennziffer 12.143.2.AF

Stellenbezeichnung Leiter mechanische Meßgeräte (Sachgebietsleiter)	Ersatz für Meßgerätemeister –10.027.2.A–

Stellenbezeichnung des unmittelbaren Vorgesetzten
Leiter Meßgeräte (Gruppenleiter)

Kurzfassung der Tätigkeitsbeschreibung *(Bestimmende Merkmale der Tätigkeit)*

Wirtschaftliche und termingerechte Instandsetzung, Prüfung, Wartung und Störungsbeseitigung überwiegend mechanischer Meßgeräte für Druck, Temperatur und Durchfluß einschließlich deren Umbau durch sachgerechte Disposition und Entscheidung im Sachgebiet.

BEWERTUNG	STUFE	PUNKTWERTUNG: Bewertungsvorschläge Abteilung	Bewertungsvorschläge Personalabteilung	Entscheidung des Arbeitskreises
KÖNNEN				
1.1 Erforderliche Ausbildung Meister Fachrichtung Elektromechanik Erforderliche Zusatzausbildung: Meßtechnik	H	29	29	29
1.2 Erforderliche Betriebserfahrung nach Abschluß der bewerteten Ausbildung (1.1) /über 3 /Jahre	D	8	8	8
∑ KÖNNEN		37	37	37
BEANSPRUCHUNG				
2.1 Geistige Beanspruchung	G	26	26	26
2.2 Körperliche Beanspruchung voll/xxx*	B	3	3	3
∑ BEANSPRUCHUNG		29	29	29
VERANTWORTUNG				
3.1 Für eigene Arbeit 3.1.1 ohne Personalführung (volle Bewertung)	F	(22)	(22)	(22)
3.1.2 mit Personalführg. (80%)	F	18	18	18
3.2 Für Personalführung 3.2.1 voll* 3.2.2 xxxx*	C	9	9	9
Unterstelltes Personal (Anzahl) 7–15 — ∑ VERANTWORTUNG		27	27	27
Durchschnittl. Tarifgruppe unter 7 — Gesamtpunktsumme		93	93	93
Tarifgruppe		12	12	12
Datum		**		
Handzeichen				

Genehmigungsvermerke	Datum
HA-Leiter/Abt.-Ltr.	
Betriebsrat	
Personal- und Sozialwesen	

* Nichtzutreffendes bitte streichen! ** Einreichungsdatum

Es hat meist wenig Sinn, die Arbeitsbewertung schlagartig und in allen Bereichen des Unternehmens durchzuführen. Wenn zunächst nur kleine Gruppen bewertet werden, lassen sich Widersprüche und Abneigung leichter vermeiden. Zweckmäßigerweise beginnt man mit Arbeitsplätzen, die in den einzelnen Bereichen häufig vorkommen. Vergleicht man sie mit den entsprechenden Tätigkeiten in anderen Abteilungen, so läßt sich auf diesem Fundament – auf den sogenannten Schlüsselarbeitsplätzen – die gesamte Bewertung aufbauen.

Wichtigste Grundlage für die Bewertung bilden die Beschreibungen[15]. Wer sie anfertigt, ob der Mitarbeiter selbst, der Vorgesetzte oder ein Fachmann für Arbeitsbewertung, ist nicht entscheidend. Beschreibt der Mitarbeiter seinen eigenen Arbeitsplatz, so muß der Vorgesetzte allerdings alle Angaben korrigieren, die sich sachlich nicht vertreten lassen. Wichtig ist, daß die wesentlichen Tätigkeiten und Schwierigkeiten festgehalten werden. Beschreibungen, die sehr stark differenziert sind, können sich nachteilig auswirken und erfordern ständige Neubewertungen, sobald im Betrieb geringe Veränderungen erfolgen.

Wenn ein Bewertungssystem in einem Unternehmen eingeführt ist, muß es ständig weiterentwickelt werden, um es der betrieblichen Situation anzupassen. Wesentliche Veränderungen im Arbeitsablauf müssen sich selbstverständlich auf die Bewertung auswirken.

Auch bei einem sorgfältig ausgearbeiteten Bewertungsverfahren gibt es Unklarheiten und Meinungsverschiedenheiten. Nicht jeder Betriebsangehörige wird mit der Bewertung und Einstufung seines Arbeitsplatzes einverstanden sein. Die Bewertungen werden meistens von einem paritätisch von Arbeitgeber- und Arbeitnehmervertretern besetzten Ausschuß durchgeführt. Dabei treten in der Praxis kaum Schwierigkeiten auf. Folgender Ablauf hat sich in einem norddeutschen Unternehmen bewährt:

Welche wesentlichen Auswirkungen hat nun die Arbeitsbewertung? Sie verändert zunächst einmal in vielen Fällen die

[15] *Knebel, H./Schneider, H.*, Taschenbuch für Stellenbeschreibung, Heidelberg 1977.

Abbildung 12: Ablauf-Überprüfung einer Arbeitsplatzbewertung

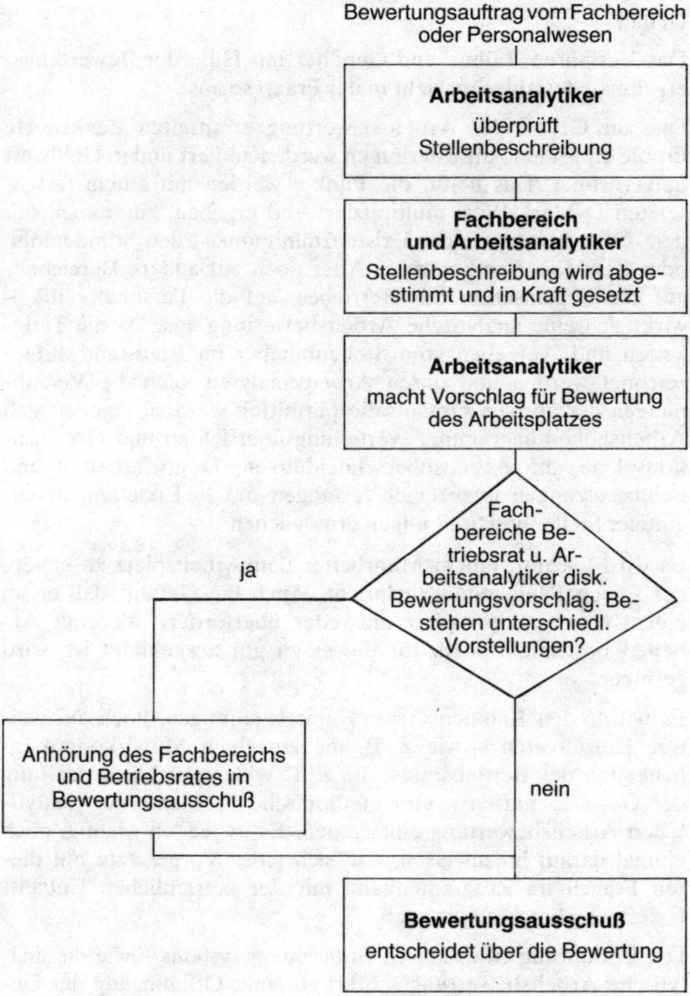

Bezüge. Zwar soll das bestehende Lohn- und Gehaltsgefüge nicht radikal umgestoßen werden, doch erfolgt allmählich ein Übergang von den Tarifgruppen zum Arbeitswert von Lohn und Gehalt.

Das Verfahren, Löhne und Gehälter mit Hilfe der Bewertungsergebnisse festzulegen, sieht in der Praxis so aus:

Die auf Grund der Arbeitsbewertung ermittelten Punktwerte für die einzelnen Anforderungen werden addiert und in Geldwert umgerechnet. Das heißt, die Punkte werden mit einem festgesetzten D-Mark-Wert multipliziert und ergeben, zusammen mit dem Grundbetrag – dem Existenzminimum –, den Stundenlohn oder das Monatseinkommen. Aber noch auf andere Bereiche – auf die Organisation des Betriebes, auf die Personalpolitik – wirkt sich eine analytische Arbeitsbewertung aus. Da die Tätigkeiten und Aufgaben vom Stelleninhaber im Istzustand aufgezeichnet werden und durch Arbeitsanalysen auch die Verzahnungen der übrigen Organisation ermittelt werden, ergeben sich Arbeitsablaufdiagramme, -verteilungsübersichten und Organisationspläne, die Arbeitsüberschneidungen, Doppelarbeiten und Fehlbesetzungen aufzuzeigen vermögen und die Erstellung neuer, gültiger Stellenbeschreibungen ermöglichen.

Es wird leichter, einem Mitarbeiter den Arbeitsplatz zu geben, der seinen Fähigkeiten entspricht. Auch die Gefahr, daß er an einem neuen Arbeitsplatz entweder überfordert oder mit Arbeiten beschäftigt wird, für die er zu gut ausgebildet ist, wird geringer.

Es würde den Rahmen dieses Kapitels sprengen, noch auf weitere Einzelheiten – wie z. B. die einzelnen Mitwirkungsmöglichkeiten des Betriebsrates, die z. T. widersprüchliche Haltung der Gewerkschaften – und methodische Probleme der analytischen Arbeitsbewertung einzugehen. Es ist jedoch wichtig, noch einmal darauf hinzuweisen, daß sich jeder Vorgesetzte mit diesen Fragen im Zusammenhang mit der betrieblichen Entgeltfestsetzung beschäftigen muß.

Die Einführung eines klaren Entlohnungssystems – wie die analytische Arbeitsbewertung – führt zu einer Offenlegung der Gehälter, so daß jeder Mitarbeiter weiß, was sein Kollege verdient und was er selbst verdienen könnte.

Die Arbeitsbewertung erleichtert es den Vorgesetzten, dem Mitarbeiter die Zusammensetzung seines Arbeitsentgelts (§ 82 BetrVG) zu erläutern und die Höhe des Grundgehalts sowie der Leistungszulage zu begründen.

Unter den zahlreichen Lohnformen und Grundlagen der Lohnbemessung treten Arbeitsbewertung und Prämienlohn immer mehr in den Vordergrund. Während mit der Prämie, die zusätzlich zum Grundlohn oder -gehalt gezahlt wird, ein Anreiz zu Leistung, Sorgfalt, Termineinhaltung oder Maschinenausnutzung gegeben wird, stellt die Arbeitsbewertung die wesentlichen Schwierigkeiten der Arbeitsaufgabe dar. Sehr verbreitet ist bei uns die analytische Arbeitsbewertung, die die Anforderungen am Arbeitsplatz vor allem in Können, Belastung und Verantwortung untergliedert und unterschiedlich gewichtet.

Ihre Aufgabe muß es sein, sich über vorgesehene Lohnformen und Bewertungsverfahren eingehend zu informieren, um daran im Interesse Ihrer Arbeit und Mitarbeiter mitwirken zu können.

Kapitel VIII

Beurteilung der Leistung

„Es liegt in der menschlichen Natur, daß sie leicht erschlafft, wenn persönliche Vorteile oder Nachteile sie nicht benötigen.“ *Goethe*

Wie gut kennen Sie eigentlich Ihre Mitarbeiter und deren Leistungen? Nehmen Sie sich doch einmal einen Zettel, auf dem Sie hinter den Namen Ihrer Mitarbeiter deren größte Stärken und Schwächen eintragen. Sollte es Ihnen auf Anhieb gelingen und es sich bei späterer Überprüfung als richtig erweisen, dann haben Sie sich schon recht genau mit den Ihnen anvertrauten Menschen beschäftigt.

Die Mitarbeiter wollen wissen, wie sie und ihre Leistungen beurteilt werden. Geht es Ihnen nicht ebenso? Bei den Führungskräften dringt immer stärker die Meinung durch, daß eine aussagefähige Beurteilung ein gutes Führungsmittel sein kann.

Durch systematische Beurteilung der Mitarbeiter und ihrer Leistungen sollen Sie ihre Schwächen feststellen und ihnen helfen, sie zu beseitigen. Die Anerkennung der Leistung soll dem Mitarbeiter ein Ansporn sein.

Willkür und Zufall sowie zu große Unterschiede in den Auffassungen der Beurteiler müssen weitgehend ausgeschaltet werden. Darum soll die Bewertung nach vorgegebenen Maßstäben erfolgen, die nach den für die betriebliche Arbeit wesentlichen Merkmalen aufgegliedert sind. Während Sie ein Pauschalurteil leicht abgeben können, veranlaßt Sie eine systematische Beurteilung, über die Persönlichkeit des Mitarbeiters nachzudenken. Dabei müssen Sie prüfen, ob der Mitarbeiter den Anforderungen des Arbeitsplatzes genügt, ob er überfordert ist oder an anderer Stelle mehr zu leisten vermag. Eine so aussagefähige Beurteilung ist damit Grundlage für alle Entscheidungen in Fragen des Personaleinsatzes und der gehaltlichen Entwicklung.

a) Beurteilungssysteme

Welches sind die hauptsächlich angewandten Beurteilungssysteme? Die bisher praktizierten Verfahren[16] lassen sich in drei Arten einteilen:

Das erste Verfahren sieht Beurteilungsbogen vor, auf denen die Fragen durch eine Anzahl von vorgedruckten Begriffen beantwortet werden. Der Vorgesetzte braucht nur die ihm treffend erscheinende Bezeichnung zu unterstreichen. Zum Beispiel könnten bei der Frage nach der Arbeitsmenge folgende Begriffe stehen: arbeitet schnell – durchschnittliche Arbeitsmenge – erfüllt die Erwartungen – arbeitet ausreichend – zu langsam – ungleichmäßig – leistet zu wenig – wird nie richtig fertig. Für Auffassungsgabe könnte z. B. unter folgenden Formulierungen gewählt werden: immer sehr heller Kopf – schnell im Bilde – braucht seine Zeit – versteht oft falsch – schwer von Begriff. Für die Beurteilung der Jugendlichen hat sich ein derartiges Verfahren bewährt.

Ein Nachteil dieses Verfahrens ist die weitgehende Schematisierung. Der Vorgesetzte muß sich der gegebenen Wortwahl anpassen und gebraucht so Formulierungen, die nicht seinen Vorstellungen entsprechen. Bevorzugt allerdings wird eine derartige Beurteilungsart vor allem darum, weil es die einfachste Form ist, die auch ohne größere Schulung praktiziert werden kann.

Ein zweites typisches Beurteilungsverfahren erinnert an die Schulzeugnisse, da jede Frage der Beurteilung mit Zensuren zu beantworten ist. So könnte ein Vorgesetzter z. B. für Arbeitsgüte eine 3, Arbeitsmenge eine 2, Kostenbewußtsein eine 5 und für Verantwortungsbereitschaft eine 4 geben. Wenn eine Auswertung und dazu Auswirkungen auf die Bezüge vorgesehen sind, vereinfacht die Zensur die Bearbeitung. Daher haben verschiedene Unternehmen ein derartiges Beurteilungssystem mit der Arbeitsbewertung gekoppelt. Ein Nachteil dieses Verfahrens liegt

[16] Ausführlich dazu: *Zander*, Handbuch der Gehaltsfestsetzung, 4.. Aufl., Heidelberg 1980.

in der Schwierigkeit, die tatsächliche Situation in Zahlen zu erfassen. Manche werden auch bezweifeln, ob es überhaupt angebracht ist, menschliche Eigenschaften in einer Zahlenreihe auszudrücken.

Als letztes sei ein Verfahren erwähnt, das den Vorgesetzten viel Spielraum läßt. Es ist ähnlich aufgebaut wie das zuerst erwähnte System; auf dem Beurteilungsbogen werden jedoch keine Antworten vorgedruckt. Der Vorgesetzte kann also die Beurteilung in seine Worte fassen. Es wird auch nicht grundsätzlich zwischen gewerblichen Arbeitnehmern, Angestellten oder Vorgesetzten unterschieden; denn für jeden Mitarbeiter sollten, unabhängig von der Rangstufe, die meisten Merkmale aussagekräftig sein. Die Beurteilung eines Programmierungsassistenten nach diesem Verfahren sei hier angeführt (Abb. 13, siehe S. 87 und 88). Die Führungskräfte, die die Bedeutung einer guten Personalführung noch nicht erkannt haben, sehen ein systematisches Beurteilungswesen als unnötige Belastung ihrer ohnehin knappen Zeit an. Darum sollte die Einführung möglichst leicht gemacht und genau festgelegt werden, wann zu beurteilen ist. Wieweit jedes Jahr, jedes zweite Jahr oder in größeren Abständen alle Mitarbeiter systematisch zu beurteilen sind, kann nur nach den jeweiligen Verhältnissen entschieden werden.

Folgt man dem Grundsatz, daß der direkte Vorgesetzte den Mitarbeiter zu beurteilen hat, dann sind auch alle Vorgesetzten unterhalb der Meisterebene einbezogen. Den Kolonnenführern, Vorarbeitern oder Untermeistern fällt verständlicherweise eine schriftliche Beurteilung des Mitarbeiters besonders schwer, da ihnen derartige Aufgaben ungewohnt sind. Sie müssen ihnen dabei helfen und erläutern, was beurteilen heißt, nämlich Beobachtetes unter bestimmten Gesichtspunkten zu bewerten. Beobachten wiederum heißt, längere Zeit Einzelheiten sammeln und Tatsachen aufzeichnen. Nur auf Grund langer Beobachtung können Sie ein fundiertes Urteil über den Mitarbeiter abgeben. Ein zu früh gefälltes Urteil oder das Ergebnis einer einmaligen Beobachtung können falsch sein. Auf Grund von Einzelbeobachtungen können Zufallsergebnisse entstehen. Erst die

Abbildung 13: Beurteilung eines Mitarbeiters

BEURTEILUNG

Personalabteilung

Beurteilen Sie Ihren Mitarbeiter erst dann, wenn Sie seine Leistungen gedanklich mit denen anderer Mitarbeiter auf Arbeitsplätzen mit **entsprechendem** Anforderungs-Niveau verglichen haben. Überprüfen Sie an Hand der Angaben in der Kontrollspalte, ob von Ihnen alle für den betreffenden Arbeitsplatz wichtigen Anforderungskriterien berücksichtigt wurden.

Personal-Nr.	Name und Vorname	geboren am	Abteilungskurzzeichen
MW 637 128	Müller, Wolfgang	7. 3. 36	TF

Stellenbezeichnung	Tarifgruppe	Punktwert f. Leistungszulage
kaufm. Sachbearbeiter	10	11

Grund der Beurteilung (nur bei außergewöhnlichen Beurteilungsanlässen auszufüllen, z. B. bei Versetzung)	Beurteiler (direkter Vorgesetzter)	Wie lange sind Sie Vorgesetzter des Beurteilten? $2^1/_2$ Jahre
Versetzung zu HB	Schulz	

Kurzbeschreibung der Tätigkeit

Preisprüfen von kleineren Angeboten einschl. Ausfertigen der Bestellschreiben in der Gruppe „Ausschreibung und Vergabe".
Einrichten und Durchführen einer Kostenkontrolle für Fernwärme-Bauvorhaben. Soll-/Ist-Vergleiche der geplanten und verfügten Kosten der Bauvorhaben.

	Kontrollspalte
1. Arbeitsgüte vertieft sich ganz in seine Aufgabe, kontrolliert die eigene Arbeit mit großer Sorgfalt, arbeitet daher sehr gewissenhaft und zuverlässig;	a) Geschicklichkeit je nach Arbeitsplatz (z. B. Handfertigkeit, Verhandlungsgeschick, Organisationsgeschick, Geschick beim Umgang mit Kunden); Sicherheit im Urteil; geistige Wendigkeit; Einsetzbarkeit an verschiedenen Arbeitsplätzen. b) Zuverlässigkeit; Sorgfalt; Beachtung der Sicherheitsvorschriften, Anweisungen u. a.
2. Arbeitsmenge/Arbeitstempo erfüllt seine Arbeiten ohne Zeitverlust, hält Termine;	Zeitbedarf für eine einwandfreie Leistung; Termineinhaltung; Stetigkeit der Arbeitsleistung u. a.
3. Anstrengungs- und Verantwortungsbereitschaft erledigt die Aufgaben mit Eifer und Ausdauer auch bei außergewöhnlicher Belastung, sehr pflichtbewußt; ist bereit, sich in neue Aufgaben einzuarbeiten;	Arbeitseifer; Energie und Initiative; Verhalten bei außergewöhnlicher Belastung; Zielstrebigkeit; Ausdauer; Entschlußfreudigkeit; Ausschöpfen der Kompetenzen; Bereitwilligkeit, sich weiterzubilden; Bereitwilligkeit, auch unangenehme Aufgaben zu übernehmen u. a.

noch Abbildung 13:

4. Zusammenarbeit schafft vertrauensvolle Basis für gute Zusammenarbeit mit Kollegen und Vorgesetzten; ist bereit, sich gemeinsamen Zielen unterzuordnen; sachlich in der Kritik;	Zusammenarbeit mit Kollegen und Vorgesetzten; Bereitschaft, sich gemeinsamen Zielen unterzuordnen, sachliche Kritik zu üben oder entgegenzunehmen; Bereitschaft zur Teamarbeit; Kontaktfreudigkeit; Hilfsbereitschaft; Aufrichtigkeit u. a.
5. Bereitschaft, rationell zu arbeiten und die Arbeitsweise ständig zu überprüfen und zu verbessern das Kostenbewußtsein ist besonders stark ausgeprägt; bemüht sich, seine Arbeiten weiter zu rationalisieren;	Sparsamkeit; Kostenbewußtsein; konstruktive Ideen; Verbesserungsvorschläge u. a. Bei Vorgesetzten auch; Fähigkeit, Arbeitsabläufe des Bereichs optimal zu gestalten, klare Organisation zu schaffen, wirtschaftlich zu disponieren u. a.
6. Führungsverhalten (nur bei Vorgesetzten zu beurteilen)	Verhalten nach den Führungsgrundsätzen (z. B. Delegationsbereitschaft, Erfüllen der Kontroll- u. Informationspflichten, Mitarbeiterförderung u. a.); Sicherheit des Auftretens; Durchsetzungsvermögen; Überzeugungskraft; Bereitschaft, Unternehmensentscheidungen zu vertreten; Sinn für Gerechtigkeit; Ausgeglichenheit u. a.
7. Theoretisches und praktisches Fachkönnen seine guten kaufmännischen Kenntnisse, sein technisches Verständnis und seine langjährigen Betriebserfahrungen gehen über die Anforderungen des jetzigen Arbeitsplatzes hinaus;	Reichen Ausbildung, Weiterbildung und Betriebserfahrung für den jetzigen Arbeitsplatz aus oder gehen die Kenntnisse über die am Arbeitsplatz geforderten hinaus?

8. Urteil über künftige Entwicklungsmöglichkeiten des Mitarbeiters

(Wie beurteilen Sie seine künftige Entwicklung in Ihrem Bereich? Sehen Sie bestimmte in der Person begründete Grenzen für eine Weiterentwicklung? Könnte der Beurteilte an einem anderen Arbeitsplatz mehr leisten? Welche Kenntnisse und Eigenschaften müßte er verbesser, um weiterzukommen?)

Herr Müller war in den letzten Jahren in der Gruppe „Ausschreibung und Vergabe" mit der Preisprüfung von kleineren Angeboten sowie der Ausfertigung von Bestellunterlagen betraut. Daneben hat er die Bearbeitung der Aufträge für Bauvorhaben (AB) überwacht, die Buchungen im Teil-Investitionsplan verfolgt und eine manuelle Kostenkontrolle der Fernwärme-Bauten entwickelt und eingerichtet. Er hat diese Arbeiten mit Gründlichkeit und Zuverlässigkeit erledigt.

Die Beurteilung habe ich gelesen. Ihr Inhalt wurde mit mir besprochen. 16. 10. 79 gez. Müller Datum Mitarbeiter	 16. 10. 79 gez. Schulz Datum Beurteiler	Begründung des Beurteilers, wenn Eröffnung der Beurteilung unterblieb oder Notizen über bemerkenswerte Einzelheiten des Eröffnungsgespräches.
Zur Kenntnis genommen Nächsthöherer Vorgesetzter	 Personalabteilung	

Wiederholung gleichartiger Ergebnisse bietet ein sicheres Urteil[17].

Eine Beurteilung sollten Sie vermeiden, wenn Sie unter Zeitdruck stehen, wenn Sie sich nicht wohlfühlen oder sich in gespannter seelischer Stimmung befinden oder wenn Sie sich soeben über den zu beurteilenden Mitarbeiter geärgert haben.

b) Mitteilung an den Beurteilten

Es gibt kein Beurteilungssystem, das für jedes Unternehmen geeignet wäre. Je nach Branche oder Größe des Betriebes und nach der Zusammensetzung der Mitarbeiter kann man unterschiedliche Verfahren anwenden. Da das Beurteilungswesen die Personalführung im Betrieb entscheidend beeinflußt und für lange Zeit bestimmt, kann nicht sorgfältig genug vorgegangen werden. Überzeugt man die Vertreter der Arbeitnehmer von der Richtigkeit des neuen Weges, dann werden von vornherein manche später auftauchenden Einwände vermieden.

Den Betriebsräten und auch den Gewerkschaften ist es dabei wichtig, daß durch ein Beurteilungssystem nicht die Intimsphäre des Mitarbeiters verletzt wird. Nach ihrer Meinung – die sich auch mit der vieler Fachleute deckt – sollten nur die Merkmale und Eigenschaften berücksichtigt werden, die für die jeweilige Tätigkeit wichtig sind und von Vorgesetzten beurteilt werden können.

Viele Betriebsangehörige stehen einer Beurteilung von vornherein mißtrauisch gegenüber. Daher empfiehlt es sich, daß Sie ihnen offen den Zweck dieser Einrichtung darlegen. So wird der Eindruck vermieden, als beabsichtigten Sie, das Privatleben des Mitarbeiters auszukundschaften.

Der Mitarbeiter hat einen gesetzlichen Anspruch darauf, daß ihm seine Beurteilung eröffnet wird. Dabei sollen ihm sein all-

---

[17] Zu Beurteilungsfehlern vgl.: *Neuberger, O.*, Erfahrungen bei der Einführung eines neuen Personalbeurteilungssystems in einem Industriebetrieb, Zeitschrift für Arbeitswissenschaft 1979, S. 209 ff.

gemeiner Leistungsstand, seine Stärken und seine Schwächen eröffnet werden. Dieses Mitarbeitergespräch aus Anlaß der Leistungsbeurteilung ist darüberhinaus geeignet, Möglichkeiten seiner Weiterbildung und seine voraussichtliche berufliche Entwicklung zu erörtern (siehe auch § 82 Abs. 2 BetrVG).

Nicht alle Führungskräfte stimmen dieser Offenheit zu. Manchen fällt es schwer, sich schriftlich festzulegen. Viele besitzen nicht den Mut, dem Mitarbeiter negative Ergebnisse oder Teilbeurteilungen mitzuteilen. Dabei läßt sich feststellen, daß solche Gespräche auch für den Vorgesetzten fruchtbar sind und das wechselseitige Vertrauen stärken. Darauf gründet sich eine erfolgreiche Entwicklung des Mitarbeiters. Er wird seine Schwächen erkennen und für die Unterstützung des Vorgesetzten dankbar sein. Als Beurteiler dürfen Sie sich aber nicht scheuen, Ihr Urteil zu korrigieren, wenn Sie bei dem Gespräch andere Erkenntnisse gewinnen. Nie darf jedoch die Korrektur aus Unsicherheit oder persönlicher Schwäche geschehen, nur um den Mitarbeiter zufriedenzustellen.

In einer solchen Unterredung können Sie auch erfahren, welche Fähigkeiten der Mitarbeiter für seine stärksten hält, welche Tätigkeit er gern ausüben möchte und ob er die Beurteilung als zutreffend anerkennt oder ob sie ohne sichtbare Wirkung auf ihn bleibt. Sie müssen feststellen, ob der Mitarbeiter die Besprechung als Hilfe ansieht, ob er sich in den kritisch beurteilten Punkten höher einschätzt oder die Beurteilung gar übelnimmt und beleidigt ist. Gerade das soll vermieden werden; die Bekanntgabe der Beurteilung darf beim Mitarbeiter keine Abneigung wecken und das Verhältnis zwischen ihm und dem Vorgesetzten stören.

c) Leistungszulagen

Leistungsanreiz ist bekanntlich eine Grundlage unseres Wirtschaftssystems. Darum hat eine regelmäßige, systematische Mitarbeiterbeurteilung nur einen Sinn, wenn sie sich auf die Dauer auch entsprechend materiell auswirkt. Bei extrem beurteilten Betriebsangehörigen ist die Entscheidung relativ einfach: von Mitarbeitern mit häufig unzureichenden Leistungen wird man sich in den meisten Fällen trennen; Mitarbeiter mit überdurchschnittlichen Leistungen erhalten die Chance zum Aufstieg.

Doch nur ein Teil der guten Mitarbeiter kann auf höherwertige Arbeitsplätze rücken. Zulagen sind eine gute Möglichkeit, die Leistung der übrigen angemessen zu berücksichtigen.

Es wird für Sie nicht immer leicht sein, Leistungszulagen zu vergeben, ohne daß Ihnen Vorwürfe wegen „Meisterwirtschaft" oder Ungerechtigkeit und Bevorzugung gemacht werden. Selbst wenn Sie Ihre Mitarbeiter trotz dieser Schwierigkeiten nach bestem Wissen weitgehend gerecht abstufen, könnte es bei anderen Vorgesetzten und in anderen Abteilungen willkürlich und ungerecht sein. Darum haben einige Unternehmen und Behörden ihren Vorgesetzten Hilfsmittel an die Hand gegeben, um gleiche Maßstäbe für alle Mitarbeiter anzulegen.

Zum Vorbild nahm man sich die Häufigkeitsverteilung, wie sie von dem Mathematiker und Astronomen Carl Friedrich Gauß (1777 bis 1855) festgestellt worden ist (ein Beispiel für die nach ihm benannte Gauß'sche Normalverteilungskurve gibt hier die Abbildung 14).

Abbildung 14:

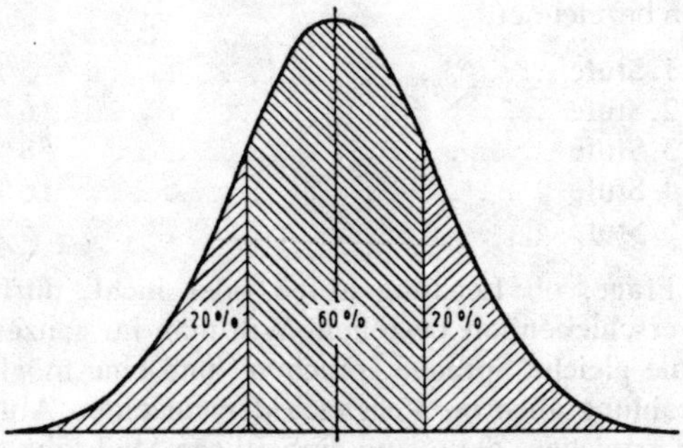

Häufigkeitsverteilung nach der Gauß'schen Glockenkurve

Sie besagt, daß bei einer genügend großen Anzahl gewisse Merkmale stets in bestimmten Prozentsätzen vorhanden sind. Man kann also annehmen, daß in großen Bereichen für die Leistungen der Mitarbeiter gleiches gilt. In welche Anteile man diese Häufigkeitsverteilung zerlegt, ob z. B. in 20 – 60 – 20%, in 25 – 50 – 25% usw. oder ob man, wie in einem größeren Unternehmen in Norddeutschland mit gutem Erfolg praktiziert, keine Stufenverteilung wählt, sondern jedem Leistungswertpunkt einen Geldbetrag zuordnet und die Leistungszulage entsprechend der bei der Bewertung erreichten Punktzahl stufenlos auszahlt, bleibt praktischen Erwägungen und der tariflichen oder betrieblichen Vereinbarung vorbehalten.

Einige Unternehmen sehen 5 Unterteilungen vor und dementsprechend fünf Leistungsstufen:

	Stufe	Leistungen und Verhalten liegen bezüglich durchschnittlicher Erwartungen	%
	1	wesentlich darunter	5
Bereich	2	darunter	25
des	3	entsprechen	40
Normalen	4	darüber	25
	5	wesentlich darüber	5

Für viele Unternehmen wird u. a. folgende Differenzierung als angemessen bezeichnet:

1. Stufe	5%
2. Stufe	16%
3. Stufe	58%
4. Stufe	16%
5. Stufe	5%

Über die Frage, ob Leistungsstufen oder nicht, dürfte keine Meinungsverschiedenheit bestehen. Will man im ganzen Unternehmen „die gleiche Sprache sprechen“ und eine möglichst gerechte Bezahlung auch im Vergleich der einzelnen Abteilungen zueinander erreichen, dann sind einheitliche Maßstäbe erforderlich. Das Festsetzen einer Leistungsstufe ist eine Kostenfrage. Gehen wir bei der Verteilung der Stufen von einer Normalverteilung aus, so bindet diese Angabe die Vorgesetzten nicht absolut, sondern ist nur eine Richtschnur, von der sie in Ausnahmefällen abweichen können. Sie dient vor allem zur Selbstkontrolle, damit die Beurteilenden feststellen können, ob im großen gesehen ihre Ergebnisse richtig sind oder ob sie dazu neigen, ihre Mitarbeiter schlechter oder besser zu beurteilen, als es den Tatsachen entspricht.

In manchen Fällen sind die Systeme so angelegt, daß nur bei herausragenden Leistungen Zulagen gewährt werden.

Die Vorteile eines systematischen Beurteilungssystems werden von den Sozialpartnern schon durch zahlreiche Tarifverträge über Leistungsbewertung und durch die Praxis in zahlreichen Unternehmen bestätigt. Der Mitarbeiter erhält dabei auch meist das Gefühl, vom Vorgesetzten beachtet zu werden. Er nimmt an, daß sein Aufstieg entsprechend seiner Begabung und seinem Interesse erleichtert wird. Ungerechtfertigte Hoffnungen werden vermieden und manche Enttäuschungen bleiben aus. Mißverständnisse können geklärt, überraschende Enttäuschungen weitgehend ausgeschaltet werden.

Auch die Menschenführung im Unternehmen bessert sich. Ungeeignete Vorgesetzte werden bald erkannt, da man im gesamten Unternehmen nun die gleichen Maßstäbe anlegt. Alle Fragen der Aus- und Weiterbildung lassen sich besser klären; befähigte Nachwuchskräfte im eigenen Unternehmen werden schneller entdeckt und gefördert. Eine wesentliche Verbesserung läßt sich auch im Personaleinsatz erreichen. Gerade durch eine systematische Mitarbeiterbeurteilung kommt man der Idealvorstellung vom richtigen Mann am richtigen Platz sehr viel näher.

Diese verschiedenen Vorteile lassen vermuten, daß sich eine systematische Beurteilung der Mitarbeiter günstig auf das Betriebsklima und damit auf die Arbeitsleistung auswirkt. Wenn Sie als Vorgesetzter Ihre Aufgabe ernst nehmen und die Beurteilungen nicht als eine von der Unternehmensleitung gewünschte Formalität ansehen, können Sie die Ihnen anvertrauten Menschen besser führen. Der Mitarbeiter erwartet von seinem Vorgesetzten in erster Linie Gerechtigkeit. Diesem Ziel kommen wir mit einer

Abbildung 15: Prozentuale Leistungspunkteverteilung

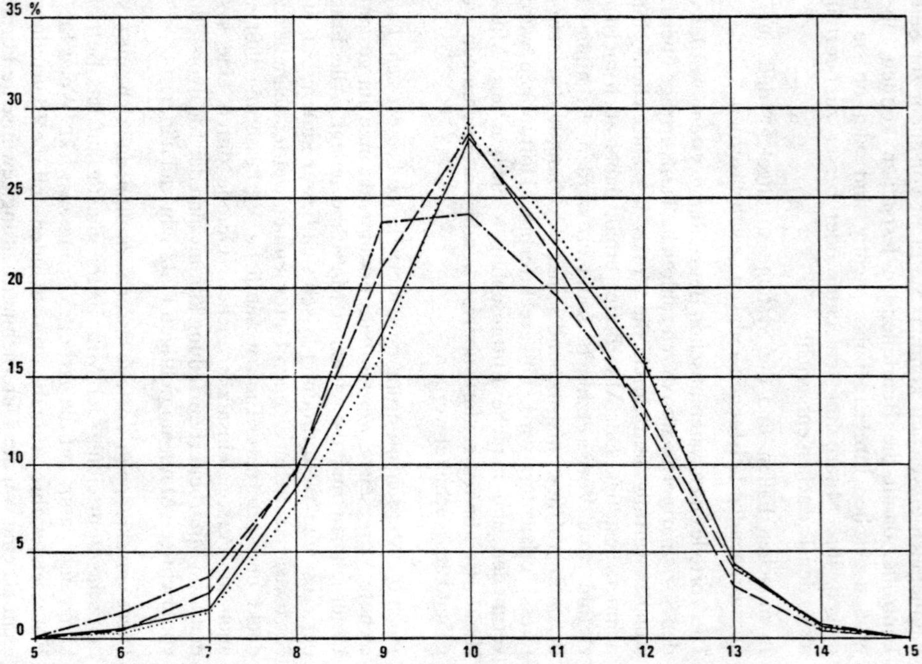

systematischen Beurteilung sicherlich näher. In Einzelfällen werden auch Systeme angewandt, nach denen die Mitarbeiter ihre Vorgesetzten und die Unternehmensführung beurteilen.

Menschenbeurteilung setzt Menschenkenntnis voraus. Sie als Vorgesetzter müssen sich aber auch selbst erkennen, um bei der Beurteilung und Bewertung Ihrer Mitarbeiter die eigenen Vorurteile zurückstecken und die Mitarbeiter so objektiv wie möglich beurteilen zu können. Sie sollten sich Ihrer Verantwortung bewußt sein und gewissenhaft alles sachlich und gerecht beurteilen, was für Einsatz, Führung und Förderung des Mitarbeiters wichtig ist. Schematische und farblose Beurteilungen haben keinen Wert. Ebenso falsch ist es, um Unannehmlichkeiten zu vermeiden, zu wohlwollend zu beurteilen. Das nützt weder dem Unternehmen noch dem Mitarbeiter. Falsch verstandene Fürsorge gibt ein unwahres Bild und stellt auch die Eignung des Vorgesetzten in Frage.

Kapitel IX

Krankenstand und Fehlzeiten

„Krankheit verschafft Befriedigungen, die es dem Kranken oft verwehren, gesund zu werden.“
Nathalie Sarraute

Fehlt einer Ihrer Mitarbeiter, so nehmen Sie meistens an, daß er krank ist. Haben Sie sich aber schon einmal die Mühe gemacht, die tatsächlichen Gründe für sein Fernbleiben genau zu untersuchen? Fast überall ist es so, daß man nicht unterscheidet zwischen den Fehlzeiten, die durch Krankheit verursacht werden, und denen, die andere Gründe haben.

In den letzten 20 Jahren haben sich die Fehlzeiten in der Wirtschaft und in den Verwaltungen fast verdoppelt. Welches sind die Ursachen für diese ungewöhnliche Entwicklung?

a) Ursachen der Fehlzeiten

Da sind einmal die Entbehrungen der Kriegs- und Nachkriegszeit, die den Gesundheitszustand vieler Menschen beeinträchtigt haben. Nachdem die meisten materiellen Sorgen behoben sind, können sie sich jetzt mehr um ihre Gesundheit kümmern. Man bezeichnet diesen Trend gelegentlich auch als „Gesundheitswelle“.

Auf der anderen Seite sind viele Menschen heute weder richtig krank noch richtig gesund. Sie sind das Opfer einer neuen Lebensform geworden, in der sie sich nicht zurechtfinden. Die rasch fortschreitende Entwicklung der Technik stellt Anforderungen an sie, denen sie nicht immer gewachsen sind. Sie verstehen es manchmal nicht, ihrem Leben einen Sinn zu geben und ihre Fähigkeiten und Möglichkeiten auszunutzen.

Man wundert sich oft, daß Menschen, die alle Entbehrungen der Gefangenschaft überstanden hatten, bald nach ihrer Heimkehr starben. Andere, die sich jahrzehntelang abgemüht hatten, um ein Häuschen zu bauen und endlich ihr Leben genießen zu können, wurden krank, sobald das Ziel erreicht war. Dies gilt auch für viele Rentner und Pensionäre.

Viele Mediziner sind daher der Meinung, daß ein Mensch, der keine Aufgabe mehr vor sich sieht, die Kraft einbüßt, die ihn bis dahin anspornte und aufrecht erhielt. Darum seien viele Menschen heute in eine Situation geraten, in der ihr psychischer und physischer Widerstand gegen Krankheiten erlahmt. Viele sitzen im „Käfig der Einsamkeit und Eintönigkeit und sterben vor Langeweile".

Andererseits sind die Ärzte heute auch eher bereit, einen Patienten für arbeitsunfähig zu halten. Das liegt nicht nur an bisher unbekannten Krankheitssymptomen, die bei vielen Ärzten zu vorsichtigen Diagnosen führen, sondern auch an ihrer veränderten Einstellung zum berufstätigen Patienten. Noch vor einigen Jahren gab es relativ wenige Möglichkeiten, zur Kur zu fahren. In der Folgezeit schickten die Sozialversicherungsträger ihre Mitglieder schon zur Vorbeugung immer häufiger zu Heilkuren. Das führte zu einer Verdoppelung der Heilverfahren, zu einem beträchtlichen Anstieg der Kosten im Gesundheitswesen und zu mehr Fehlzeiten in den Betrieben. Das Kostendämpfungsprogramm der Bundesregierung und die Konjunkturabkühlung in manchen Wirtschaftsbereichen sowie die damit verbundene Sorge um den Arbeitsplatz bewirkte jedoch, daß die Sozialversicherungsträger bei der Bewilligung von Kuren zurückhaltender wurden und auch die Zahl der Anträge wieder abnahm.

Abgesehen davon ist die psychisch-nervliche Belastung am Arbeitsplatz stärker geworden[18] oder wird zumindest intensiver empfunden. Es sind aber nicht allein die Überforderungen am Arbeitsplatz, sondern vielfach lange Anfahrtswege zur Arbeitsstelle, die gleichfalls eine stärkere Beanspruchung der Arbeitnehmer mit sich bringen.

---

[18] Dies geht auch aus folgendem Vortrag hervor: *Massmann, W.:* Fehlzeiten und Arbeitsunfähigkeit, unveröff. Manuskript 1981.

Die gesetzliche Regelung, auch dem Arbeitnehmer im Krankheitsfall den vollen Lohnausgleich zu gewähren, bietet manchem die finanzielle Möglichkeit, sich intensiver als bisher der Wiederherstellung oder Erhaltung seiner Gesundheit zu widmen. Doch birgt gerade diese Regelung die Gefahr in sich, daß einige Arbeitnehmer den Fortfall der Karenztage unverantwortlich ausnutzen und damit den Gegnern der Lohnfortzahlung Argumente liefern. Kann sich ein Arbeitnehmer auf Grund einer solchen Bestimmung durch seine Abwesenheit sogar materielle Vorteile verschaffen, dann erliegt natürlich mancher der Versuchung.

Es ist also nicht nur eine Erkrankung, die die Betriebsangehörigen veranlaßt, der Arbeit fernzubleiben. Die Tatsache, daß sie keinen finanziellen Verlust mehr erleiden, daß sie als gesuchte Facharbeiter jederzeit in einem anderen Unternehmen Arbeit finden, begünstigt die Neigung mancher, zu bummeln und „krankzufeiern".

Das alles sind sozusagen soziale Einflüsse, die sicherlich mitwirken. Nicht minder entscheidend sind jedoch die Ursachen innerhalb der Unternehmen.

b) Einstellung zur Arbeit

Da ist zunächst einmal die Angst vor der Arbeit, vor dem Kollegen, vor dem Vorgesetzten, die besonders das vegetative Nervensystem beeinträchtigt. Sie schädigt mehr als zu hohe Anforderungen an den Arbeitnehmer.

Die Einstellung zur Arbeit und der Grad der Befriedigung durch die Tätigkeit haben daher einen großen Einfluß auf die Krankheitsneigung. Wer an seinem Arbeitsplatz ständig überfordert wird, flüchtet sich in die Krankheit. Wer nicht ausgelastet ist, fühlt sich nicht verantwortlich und meint infolgedessen, daß sein Fehlen nicht weiter bemerkt würde. So spielen Eigenverantwortlichkeit und Funktion des Mitarbeiters für den Krankenstand eine wichtige Rolle. Viele Untersuchungen haben bestätigt, daß mit steigender Verantwortung für die Arbeit und Zufriedenheit mit der Tätigkeit die Fehlzeiten abnehmen (siehe Abb. 16

S. 101). Das zeigt deutlich, wie sehr soziale und personelle Umstände, unabhängig von gesundheitlichen Gründen, den hohen Krankenstand verursachen.

Es ist wohl kein Zufall, daß die Fehlzeiten eines japanischen Arbeitnehmers, der sich bekanntlich sehr mit seiner Aufgabe und dem Unternehmen verbunden fühlt, nur ¼-⅓ der des deutschen Beschäftigten betragen.

c) Maßnahmen des Vorgesetzten

Zwar gibt es keine allgemeingültigen Regeln, nach denen Abhilfe geschaffen werden kann, jedoch sollte kein Vorgesetzter den Krankenstand als unvermeidbare Entwicklung ansehen. So unterschiedlich die Gründe für die Fehlzeiten sind, so differenziert müssen auch die Gegenmittel sein.

Die „Gesundheitswelle" ist eine natürliche Entwicklung, die manche Gesundheitsschäden der Kriegs- und Nachkriegszeit auch jetzt noch kompensiert. Im Zeichen der gestiegenen Lebenshaltung und Lebenserwartung stellen wir auch an die Gesundheit höhere Ansprüche.

Verstärktes Auskurieren und vorbeugende Maßnahmen durch Heilkuren der Sozialversicherungsträger sind sogar zu begrüßen. Auf Grund der Fürsorgepflicht wird ein Unternehmen seine Mitarbeiter nicht daran hindern, die gegebenen Möglichkeiten zur Förderung der Gesundheit wahrzunehmen.

Es ist allerdings die Pflicht jedes Vorgesetzten, gegen die Betriebsangehörigen vorzugehen, deren Fehlen offensichtlich nicht auf Krankheit zurückzuführen ist. Das geschieht nicht nur wegen der zu leistenden Arbeit, sondern auch mit Rücksicht auf die verantwortungsbewußten Mitarbeiter, die nicht selten gezwungen sind, unter großer Belastung die Aufgaben der Kollegen zu übernehmen.

Eine einschneidende Maßnahme in einem Werk der Montan-Industrie hatte z. B. große Wirkung. Als man fünfzig Mitarbeiter entließ, weil sie häufig ohne zwingenden Grund gefehlt hatten, erhöhte sich die Zahl der täglich anwesenden Betriebsangehörigen um rund hundert.

Solche drastischen Maßnahmen mögen bei groben Verstößen gegen die Betriebsordnung, bei Bummelei oder Schwarzarbeit erfolgreich sein; gutwilligen Mitarbeitern gegenüber jedoch können sie ungerechtfertigt und völlig fehl am Platz sein. Es ist gefährlich, pauschal allen Arbeitnehmern eine sinkende Arbeitsmoral vorzuwerfen. Wie viele Mitarbeiter bemühen sich, trotz gesundheitlicher Schäden, die ihnen übertragenen Aufgaben zu erfüllen.

Was können Sie als Vorgesetzter tun, um die Fehlzeiten in einem vertretbaren Rahmen zu halten? Es hat wenig Sinn, immer nur vom erhöhten Krankenstand zu sprechen und drohend den Finger zu heben. Der Vorgesetzte kann durch geeignete Maßnahmen die Fehlzeiten senken und niedrig halten. Sie beginnen mit dem Vorbeugen, mit der Einstellung gesunder Mitarbeiter. Es sollte vermieden werden, Arbeitnehmer einzustellen, deren Gesundheit angegriffen ist, von denen also erwartet werden muß, daß sie in kurzer Zeit krank werden und für den Arbeitsablauf ausfallen.

Mitarbeiter müssen richtig eingesetzt werden. Sie sind zufrieden, wenn die Anforderungen, die man an sie stellt, nicht zu hoch, aber auch nicht zu gering sind. Sie ziehen es erfahrungsgemäß vor, in überschaubaren Gruppen zu arbeiten als in großen Abteilungen. Für den hohen Krankenstand gilt das gleiche wie für die starke Fluktuation: Die Gründe dafür sind häufig auch in der jeweiligen Personalführung zu suchen. In manchen Betrieben sank die Zahl der Ausfalltage, nachdem ungeeignete Führungskräfte ausgewechselt wurden.

Es hat sich immer wieder bestätigt, daß ungeeignete Organisationsmaßnahmen, falsche Zusammensetzung der Arbeitsgruppen oder mangelnde Information der Mitarbeiter wesentlich zur Erhöhung des Krankenstandes beitragen. Besonders die fehlende Unterrichtung über alle Vorgänge im Betrieb ruft Unsicherheit hervor, hemmt die Arbeitslust und begünstigt die Neigung, vorübergehende gesundheitliche Beeinträchtigungen wichtig zu nehmen. Es genügt auch nicht, daß man das Fehlen eines Mitarbeiters lediglich in einer Kartei registriert, man muß ihm zeigen, daß man seine Abwesenheit beachtet und sich Gedanken über seine Genesung macht.

Um überall geeignete Maßnahmen zum Senken des Krankenstandes ergreifen zu können, müssen Führungskräfte wie Mitarbeiter genau über den Umfang der Ausfalltage im Unternehmen und besonders in ihren Abteilungen informiert sein.

Abbildung 16:
Anteile der Krankheitsfehlzeiten in den Funktionsgruppen

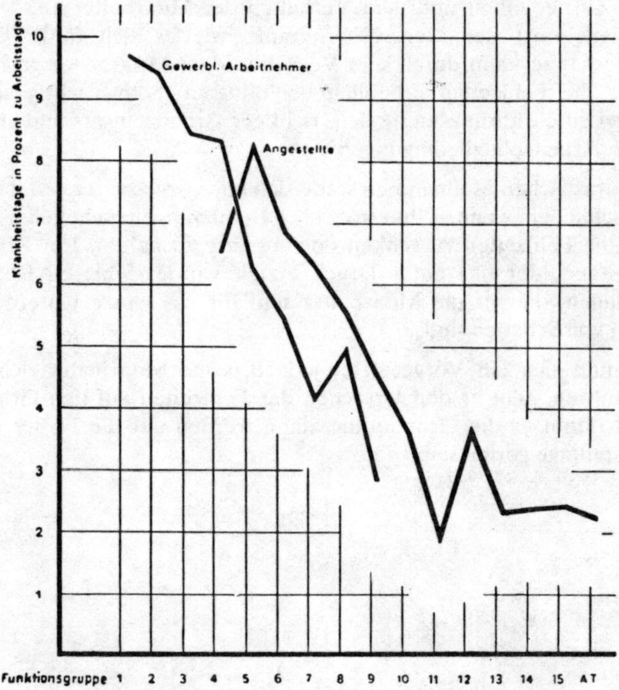

Man kann sogar, wie Abbildung 16 zeigt, den unterschiedlichen Krankenstand je Funktionsgruppe bekanntgeben, um auf diese Weise deutlich zu machen, in welchem Verhältnis Verantwortung für die Arbeit und Krankenstand zueinander stehen.

Erfahrungen zeigen, daß bei zunehmender Verantwortung die Fehlzeiten erstaunlich stark absinken. Mitarbeiter, die Aufstiegschancen sehen, fehlen relativ selten. Aus der Sicht des mündigen Mitarbeiters ist auch die nun gültige Regelung zu sehen, nach der kein „Gesundschreiben“ mehr erfolgt, sondern der Mitarbeiter selbst entscheidet, ob er schon wieder arbeiten kann.

Die Fehlzeiten in einem Unternehmen hängen entscheidend von der Zufriedenheit und dem Verhalten der Mitarbeiter ab, denn allgemein ist der Mensch so krank, wie er sich fühlt. Der Vorgesetzte kann durch sein Verhalten dem Mitarbeiter gegenüber die Fehlzeiten erheblich beeinflussen. Sehr wichtig sind dabei gute Führungsmethoden, richtiger Arbeitseinsatz und günstige Arbeitsplatzbedingungen.

Zu drastischen Maßnahmen sollte sich ein Vorgesetzter erst dann entschließen, wenn es ihm trotz aller Bemühungen nicht gelungen ist, die Fehlzeiten zu senken oder niedrig zu halten. Ein Krankenstand, der nur unter Druck erzielt wurde, führt zu Rückschlägen, die für die Mitarbeiter und für das ganze Unternehmen von Schaden sind.

Bemüht sich ein Vorgesetzter jedoch, seine Mitarbeiter richtig zu führen, geht er den Ursachen der Fehlzeiten auf den Grund und räumt er die Gründe aus, dann werden auf die Dauer die Ausfalltage gering sein.

Kapitel X

Arbeitssicherheit im Betrieb

„Das bessere Teil der Tapferkeit ist Vorsicht.“

Shakespeare

Die Sicherheit am Arbeitsplatz ist nicht nur eine Frage der Technik und der Organisation, sondern vor allem eine moralische Verpflichtung jedes Vorgesetzten. Unfälle auf Grund technischer und organisatorischer Mängel gehen immer weiter zurück, während falsches menschliches Verhalten noch einen großen Teil der Verletzungen und Schäden herbeiführt.

Als verantwortungsbewußter Vorgesetzter werden Sie bestrebt sein, Leben und Gesundheit der Mitarbeiter zu schützen. Überall werden Anstrengungen unternommen, dem Menschen einen bestmöglichen Schutz vor Unfällen zu bieten; sogar die Werbefachleute versuchen, mit dem Hinweis auf gebotene Sicherheit einen Anreiz zu geben.

Wie aber sieht die Entwicklung aus?

Die Unfälle am Arbeitsplatz und im Verkehr sind infolge menschlicher Unzulänglichkeit, der zunehmenden nervlichen Belastung und der Verkehrsdichte auf den Straßen sehr hoch, obwohl in den letzten Jahren ein Rückgang eingetreten ist. Nicht nur in Deutschland verlief diese Entwicklung ungünstig, sondern auch im Ausland; in Deutschland jedoch war die relative Zahl der tödlichen Arbeitsunfälle wesentlich höher als z. B. in England und in den USA.

Diese Erkenntnis sowie Initiativen der Arbeitgeber- und Arbeitnehmerorganisationen haben den Gesetzgeber bewogen, die Verhütung von Arbeitsunfällen und Berufskrankheiten sowie den vorbeugenden Gesundheitsschutz – über die umfangreichen Bestimmungen der RVO hinaus – auch im BetrVG 72 sowie im Arbeitssicherheitsgesetz und der Arbeitsstättenverordnung noch stärker zu verankern.

Für das Aufstellen von Regeln über diese Maßnahmen hat der Betriebsrat im Rahmen des § 87 ein erzwingbares Mitbestimmungsrecht (Abs. 1 Nr. 7). Sein schon im alten BetrVG verankertes Beratungsrecht ist im BetrVG 1972 (§ 89) durch eine zwingende Mitteilungspflicht des Arbeitgebers verstärkt. Sie ist auch hier wieder mit Unterstützung der Sicherheitsbeauftragten und der im Rahmen der Delegation der Unternehmerpflichten (§ 9 Abs. 2 Ordnungswidrigkeitengesetz [OWiG]. und § 708 RVO) von den einzelnen Bereichsvorgesetzten zu erfüllen. „Der Arbeitgeber hat dem Betriebsrat unverzüglich die den Arbeitsschutz und die Unfallverhütung betreffenden Auflagen und Anordnungen der zuständigen Behörden und Träger der gesetzlichen Unfallversicherung" mitzuteilen. Niederschriften über Untersuchungen, Besichtigungen und Besprechungen in diesem Zusammenhang sind dem Betriebsrat auszuhändigen. Dem Betriebsrat müssen Kopien der Unfallanzeigen (nach § 1552 RVO) ausgehändigt werden[19].

a) Leitgedanken

Was können Sie nun tun, um Unfälle im Betrieb zu verhüten? Genügt es, wenn Sie die Sicherheitsvorschriften beachten und Ihre Mitarbeiter informieren?

Eine genaue Untersuchung der Unfallbedingungen bestätigt immer wieder: Technische Komponenten allein sind relativ selten der Anlaß.

Es ist relativ schwierig, die genauen Umstände eines Unfalles zu ergründen, weil oft weder Vorgesetzte noch Mitarbeiter eine persönliche Schuld eingestehen wollen und die wahren Ursachen verschleiert werden.

Am klarsten lassen sich die sicherheitswidrigen Zustände erfassen. Dabei ist zu unterscheiden zwischen grundsätzlichen

[19] *Krause/Pillat/Zander,* Arbeitssicherheit – Loseblattsammlung – Freiburg i. Br. 1972 ff. u. *Krause/Zander,* Arbeitssicherheit – leicht gemacht, Freiburg i. Br. 3. Aufl. 1982.

technischen Fehlern und solchen, die nur vorübergehend aufgetreten sind. Für die Ermittlung der fehlerhaften Zustände gliedert man am besten nach dem „Unfallobjekt“, wie Bauten, technische Anlagen und Maschinen, Beförderungsmittel, Fahrstraßen. Bei jedem Merkmal ist weiter festzustellen, ob falsch geplant, unzureichend gesichert, mangelhaft ausgeführt wurde oder ein anderer Fehler vorlag. Werden die Unfälle also nach einem einheitlichen Katalog von Unfallbedingungen untersucht, dann können die Vorgesetzten bald erkennen, wodurch die Sicherheit am Arbeitsplatz beeinträchtigt war.

b) Verhalten der Mitarbeiter

Schwieriger ist es, Fehler festzustellen, die in dem Verhalten der Betriebsangehörigen begründet sind. Fragt der Sicherheitsingenieur oder ein Vorgesetzter, ob Maschinen sicherheitswidrig benutzt oder Unfallquellen nicht gemeldet wurden, dann wird er nicht immer eine befriedigende Antwort erhalten. Wer wird schon zugeben, daß der Unfall auf geistige, körperliche und eigene organisatorische Mängel zurückzuführen ist? Welcher Vorgesetzte gesteht ein, daß der Einsatz ungeeigneter Arbeitskräfte oder eine mangelhafte Einweisung den Unfall verursacht haben?

Doch gerade diese Fehler liegen den meisten Unfällen zugrunde. Nach betrieblichen Erfahrungen geschieht ungefähr die Hälfte aller Unfälle durch Unachtsamkeit, Übereifer oder Gleichgültigkeit – nicht nur beim Verletzten, sondern auch bei Vorgesetzten, Planern, Konstrukteuren u. a.

Nun könnten Sie sich darauf berufen, die gesetzlichen Vorschriften genau befolgt und damit Ihre Pflicht für die Arbeitssicherheit getan zu haben. Dann hätten Sie aber ihre Führungsaufgabe falsch verstanden; denn die Verantwortung für die Sicherheit Ihrer Mitarbeiter können Sie nicht auf Vorschriften und zuständige Stellen – z. B. den Sicherheitsingenieur in einem Unternehmen – abwälzen. Leider ist eine solche falsche Einstellung oft zu finden. Es ist also dringend notwendig, das

Sicherheitsbewußtsein von Vorgesetzten und Mitarbeitern zu wecken und zu stärken. Ein Vorgesetzter muß wissen, wie sich seine Mitarbeiter an ihrem Arbeitsplatz verhalten, um sie erfolgreich vor Unfällen schützen zu können. Dabei mag ihm eine Gliederung in drei unfalltypische Personengruppen helfen, die in vielen Betrieben anzutreffen ist:

In die erste Gruppe gehören Mitarbeiter, die sich aus Unkenntnis nicht an die Sicherheitsvorschriften halten. Sie sind oft neu im Betrieb, unerfahren oder unzureichend unterwiesen. Hierzu lassen sich leicht Beispiele finden.

Eine zweite Gruppe bilden die Betriebsangehörigen, die zwar wissen, wie sie sicher zu arbeiten haben, es aber nicht tun, weil sie durch besondere Umstände abgelenkt oder überfordert und nervös sind. Manchmal sind sie auch infolge persönlicher Sorgen, starker Erregung, Müdigkeit oder Krankheit nicht voll einsatzfähig oder gar für bestimmte Tätigkeiten überhaupt nicht geeignet. Dazu zwei Beispiele:

Ein erfahrener Schweißer erlitt bei der turnusmäßigen Überprüfung seiner Kenntnisse einen Unfall, weil er aus Prüfungsangst die Unfallverhütungsvorschriften für eine Schleifmaschine nicht beachtete.

Beim Installieren einer Anlage verbrannte sich ein Elektriker, weil er mit einem Schraubenschlüssel einen Kurzschluß verursachte. Zu dieser Fehlhandlung war es gekommen, weil er von einem Dritten angesprochen und abgelenkt wurde.

Zur dritten Gruppe gehören Mitarbeiter, die zwar wissen, wie sie sicher arbeiten sollen und es auch können, aber trotzdem die Sicherheitsvorschriften nicht beachten. Die Gründe hierfür sind meist Übereifer, Hast oder falsches Heldentum. Eine große Rolle spielen auch Fahrlässigkeit und Gleichgültigkeit. Diese Mitarbeiter halten ihre riskante Arbeitsweise nicht für gefährlich und sind sich der vorhandenen Gefahr nicht bewußt. Ein großer Teil aller sicherheitswidrigen Handlungen hat seinen Ursprung in einer solchen mangelhaften Einstellung zur Frage der Sicherheit. Auch dazu zwei Beispiele:

Ein Schlosser verletzte sich, weil er durch seinen nach außen aufgekrempelten Jackenärmel an den laufenden Bohrer geriet.

Ein Mitarbeiter, dem das notwendige Sichern der Werkstücke beim Bohren bekannt war, versäumte dies und quetschte sich zwei Finger.

c) Aufgaben des Vorgesetzten

Einige Leitsätze für die Sicherheit, wie sie sich in deutschen Unternehmen bewährt haben, fassen die wesentlichsten Gesichtspunkte zusammen:

1. Glauben Sie nicht: Mir kann nichts passieren!

Die Tatsachen sprechen dagegen: Bei Männern bis zu 45 Jahren sind Unfälle heute sogar in erster Linie die Todesursache.

2. Trotzdem: Jeder Unfall ist vermeidbar

Unfälle sind kein Verhängnis, dem man nicht entgehen kann. Sicherheitsvorschriften und Schutzmaßnahmen machen heute an allen Arbeitsplätzen eine sichere Arbeit möglich.

3. Aber: Mit Fehlhandlungen und Irrtümern muß man immer rechnen

Menschen sind keine Maschinen. Und Maschinen lassen sich nicht immer narrensicher machen. Sicherheitsvorschriften und Schutzmaßnahmen müssen durch sicherheitsgerechtes Verhalten und Verantwortung ergänzt werden.

4. Bedenken Sie stets: Unfallverhütung ist eine Führungsaufgabe

Wenn ein Mitarbeiter verunglückt, ist der Vorgesetzte meist mit schuldig. Er hat den Arbeitsplatz nicht richtig durchdacht oder seine Mitarbeiter nicht intensiv genug zu sicherheitsgerechter Arbeit angehalten.

5. Denn: Verantwortlich für die Sicherheit ist der unmittelbare Vorgesetzte

Die Qualität eines Vorgesetzten erkennt man u. a. an der geringen Unfallhäufigkeit in seinem Bereich. Seine Bemühungen auf diesem Gebiet bringen nicht nur Sicherheit für seine Mitarbeiter, sondern beeinflussen auf die Dauer auch sein eigenes Fortkommen.

6. Berücksichtigen Sie: Auch leichtere Unfälle können schwerwiegende Folgen haben

Es gibt keine Bagatellunfälle: Nehmen Sie darum einen Unfall nie auf die leichte Schulter, auch wenn die Folgen nicht so schwerwiegend erscheinen.

7. Denken Sie nie: Da kann ja nichts schiefgehen!

Es gibt keine Sicherheitsvorschriften, die man vernachlässigen dürfte! Die Sicherheitsvorschriften und -anordnungen haben alle ihren Sinn und sind zu Ihrem Besten getroffen!

8. Denken Sie daran: Schutzvorrichtungen sind besser als Ermahnungen

Das wirksamste Mittel gegen Verletzungen ist gefahrlose Technik. Wo sich diese nicht verwirklichen läßt, ist eine Abschirmung der Gefahr erforderlich. Eine Forderung nach erhöhter Aufmerksamkeit ist die schlechteste Maßnahme.

9. Außerdem: Verstöße gegen die Unfallverhütungsvorschriften werden bestraft

Nicht nur der Gesetzgeber hat harte Strafen für schuldhaftes Verhalten vorgesehen. Auch betriebliche Disziplinarmaßnahmen können den Schuldigen treffen.

10. Vergessen Sie nie: Es gibt kein höheres Gut im Betrieb als Ihre Gesundheit

Von Ihrer Gesundheit hängt auch das Wohl Ihrer Familie ab. Sicherheit geht vor Schnelligkeit – auch im Straßenverkehr: ein

Drittel aller Arbeitsunfälle sind Wegeunfälle. Tragen Sie daher stets und überall dazu bei, daß nicht durch Unaufmerksamkeit, Nachlässigkeit, falschen Ehrgeiz oder Alkoholgenuß Unfälle entstehen.

Um die Unfallziffer niedrig zu halten, sollte es Ihre vordringliche Aufgabe sein, das Sicherheitsbewußtsein der Mitarbeiter zu stärken. Dabei sollten Sie, wenn wir bei der Gruppierung bleiben, individuell auf die Mitarbeiter einwirken.

So muß der Neue eingehend mit den Unfallverhütungsvorschriften vertraut gemacht werden. Dazu gehört auch der betrieblich versetzte Arbeitsplatzneuling. Die Darstellung Abb. 17 auf dieser Seite zeigt deutlich, wie gefährdet Mitarbeiter sind, die sich erst kurze Zeit an einem Arbeitsplatz befinden. Auf besonders gefährdeten Arbeitsplätzen sollten Sie sich z. B. vor Ablauf der Probezeit durch Stichproben vergewissern, ob der Mitarbeiter ausreichend informiert ist.

Abbildung 17:

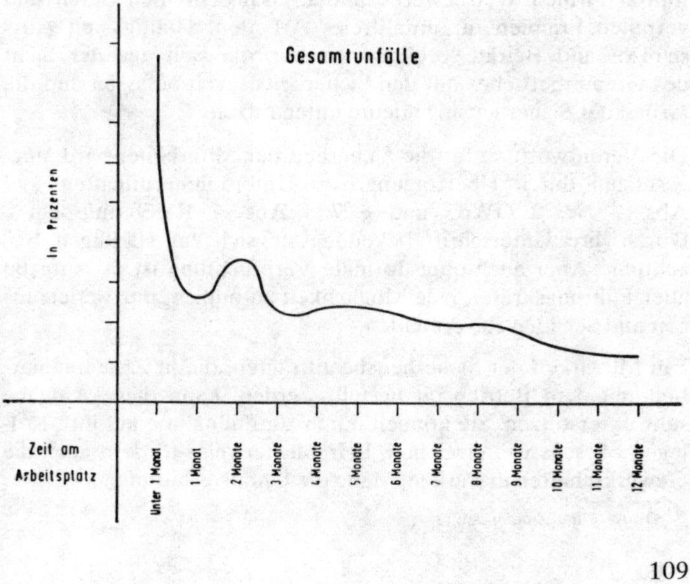

Sind Betriebsangehörige überfordert und nervös, sollten Sie mit ihnen nicht nur den Unfall ausführlich besprechen, sondern versuchen, die Hintergründe aufzuspüren. Oft kann hier auch der Betriebsarzt helfen.

Bei der dritten Gruppe ist eine Verwarnung oder manchmal sogar eine Entlassung notwendig, wenn der Betriebsangehörige sich und andere wiederholt in Gefahr bringt.

Die Vorgesetzten können bei ihren Bemühungen meist mit der Unterstützung anderer Stellen rechnen. Neben den Berufsgenossenschaften hilft der Sicherheitsingenieur des Unternehmens, unterstützt von den Sicherheitsbeauftragten.

Um die Wirkung von Vorträgen über Arbeitssicherheit nachhaltig zu erhöhen, haben verschiedene Berufsgenossenschaften und Unternehmen Broschüren herausgegeben. Plakate und andere Hinweise können von den Führungskräften bei Bedarf angefordert werden. Von zahlreichen Unternehmen werden die Werkzeitschriften eingesetzt, um alle Mitarbeiter über das Unfallgeschehen und Verbesserungsmöglichkeiten zu informieren. Ebenso führen Firmen Wettbewerbe und Preisausschreiben durch und verteilen Prämien für unfallfreies Arbeiten. Häufig sind Ausschüsse und Beiräte gebildet worden, die sich aus der Sicht des Gesamtbetriebes mit den Sicherheitsfragen befassen und die Arbeit der Sicherheitsingenieure unterstützen.

Die Verantwortung für die Sicherheit der Mitarbeiter wird Vorgesetzten durch Übertragung von Unternehmerpflichten § 9 Abs. 2 Nr. 2 OWiG und § 708 Abs. 1 RVO auferlegt[20]. Durch ihre Unterschrift bekennen sie sich zur ständigen Beachtung. Aber auch ohne formale Verpflichtung ist es Aufgabe aller Führungskräfte, jede Möglichkeit zu nutzen, um Verletzungen und Schäden zu vermeiden.

Ein Mitwirken der Sicherheitsbeauftragten, die in Zusammenarbeit mit dem Betriebsrat bestellt werden, kann diese Aufgabe sehr unterstützen. Sie können durch Einflußnahme auf ihre Kollegen oft sehr viel erreichen. Erfreulicherweise fördern auch die Gewerkschaften in starkem Maße die Unfallverhütung.

---

[20] *Krause/Pillat/Zander*, a.a.O.

Arbeitssicherheit ist für jedes Unternehmen eine menschliche Verpflichtung. Verhütet man Unfälle, dann lassen sich schmerzhafte Verletzungen, dauernde Entstellungen und vorübergehende Berufs- und Erwerbsunfähigkeit vermeiden. Außerdem beeinflußt ein Unfall meistens nicht nur das Leben des Betroffenen, sondern auch das seiner Angehörigen und Mitarbeiter.

Neben dieser menschlichen Verpflichtung ist die Arbeitssicherheit aber auch ein Gebot wirtschaftlichen Handelns. Sicherheitswidrige Zustände und Verhaltensweisen verschlechtern die wirtschaftliche Lage des Unternehmens. Sie führen zu Wertverlusten für den Betrieb und schließlich für die Allgemeinheit. Außerdem werden durch Unfälle erhebliche Kosten im Betrieb verursacht. Auch sind bei zahlreichen und schweren Unfällen vom Unternehmen zusätzliche Mittel aufzubringen, da sich die Beitragsumlage der Berufsgenossenschaften auch danach richtet.

Schließlich ist Arbeitssicherheit den Betrieben als unabdingbare Aufgabe gesetzlich auferlegt worden (vgl. auch Arbeitssicherheitsgesetz). Hierbei helfen und überwachen die Gewerbeaufsicht und der Technische Aufsichtsdienst der Berufsgenossenschaften.

Kapitel XI

Personalwechsel

„Ein Meister, der einen Arbeiter anschreit, weil er etwas falsch gemacht hat, ein Abteilungsleiter, der den bequemen Untergebenen befördert und nicht den tüchtigen, ein Chef, der inkonsequent oder ungerecht ist, – sie richten mehr Schaden an, als in langer Mühe wieder gutgemacht werden kann.“

Heinz Nordhoff

In vielen Unternehmen wechseln ständig Mitarbeiter. Oft hat das einen ganz natürlichen Grund: einige werden pensioniert, andere müssen aus gesundheitlichen Gründen ihren Beruf aufgeben; Frauen hören nach ihrer Eheschließung auf zu arbeiten; viele haben Kleinkinder zu versorgen.

Ein Problem ist jedoch das unerwünschte Abwandern meist guter Mitarbeiter in andere Betriebe. Dieser Wechsel ist seinem Umfang nach von Unternehmen zu Unternehmen sehr unterschiedlich. Entscheidend ist, daß er neben hohen Kosten oft viel Ärger verursacht. Darum ist es unerläßlich, den Gründen der Fluktuation nachzugehen.

a) Ursachen der Fluktuation

Der Anlaß zum Wechseln eines Arbeitsplatzes kann sowohl im persönlichen Bereich als auch im betrieblichen liegen. Manchmal trifft beides zusammen. Die individuellen Wünsche und Vorstellungen sind oft nicht mit den Zielen des Unternehmens vereinbar, wie das Bedürfnis nach klimatischer Veränderung, nach besseren Wohnmöglichkeiten und der Wunsch nach Veränderung überhaupt.

Die betrieblichen Ursachen, die einen Mitarbeiter zur Kündigung veranlassen, können in seiner Person begründet sein oder in den betrieblichen Verhältnissen. Sie genau herauszufinden, ist der Sinn von Abgangsgesprächen, die Sie als Vorgesetzter – möglichst nach Aushändigung des Zeugnisses – mit dem ausscheidenden Mitarbeiter führen sollten. Hierbei können Sie Aufschluß über neuralgische Stellen in Ihrem Bereich erhalten.

Aus zahlreichen solcher Abgangsinterviews kristallisierten sich drei Gründe heraus: Schlechtes Betriebsklima – keine Möglichkeiten zum Aufstieg – geringer Verdienst. Hinzu kommen schlechte Personalführung, anstrengende Arbeit, Schichtdienst, weiter Anmarschweg, Schwierigkeiten mit den Kollegen. Das Fehlen von Arbeitskräften begünstigt besonders die Neigung mancher Mitarbeiter, den Arbeitsplatz zu wechseln, wenn ihre bisherige Tätigkeit sie aus irgendeinem Grund nicht mehr voll befriedigt. So werden die kleinen Störungen und Fehler gleichfalls wichtig.

Manches können Sie daran ändern: Sie können zum Beispiel genaue Arbeitsanweisungen erteilen, für die richtige Zusammenstellung der Arbeitsgruppen sorgen, ungerechte Behandlung Ihrer Mitarbeiter vermeiden, ihnen keine Versprechungen machen, die Sie nicht halten können; Sie können sich für angemessene Bezahlung, für die Sicherung des Arbeitsplatzes oder die Minderung des häufigen internen Wechsels einsetzen.

Ist das möglicherweise zuviel, was man von den Vorgesetzten fordert? Haben sie denn überhaupt die Möglichkeit, auf diese Dinge einzuwirken? Der Ermessensspielraum des Vorgesetzten in diesem Falle ist relativ gering und vorwiegend auf die Bemessung der Leistungszulagen beschränkt. Er kann die Höhe der Löhne und Gehälter z. B. nur wenig beeinflussen.

Dafür kann er auf verschiedenen anderen Gebieten um so aktiver werden. Er ist weitgehend für die Atmosphäre in seinem Bereich verantwortlich; seine Führungsmethoden bestimmen wesentlich das Betriebsklima. Bei der Schaffung von Aufstiegsmöglichkeiten kann er ebenfalls entscheidend mitwirken.

Da diese beiden Faktoren – Betriebsklima und Aufstiegsmöglichkeiten – von ausscheidenden Betriebsangehörigen sehr oft als Grund für ihren Wechsel genannt werden, sollen sie im folgenden ausführlich behandelt werden.

b) Betriebsklima

Ist die Beschäftigung mit dem Betriebsklima nun lediglich eine Modeerscheinung? Keinesfalls, sondern vielmehr eine ernstzunehmende Angelegenheit. Werksärzte haben z. B. festgestellt, daß gerade bei Mitarbeitern, die unter dem schlechten Betriebsklima zu leiden hatten, häufiger als bei anderen echte Beschwerden auftraten. In der Krankenkartei hieße das dann: nervöse Erschöpfung, Magengeschwür, Gallenkolik, Unfälle durch Unachtsamkeit, Migräne, Herzenge, Schwindelanfall.

Eine Wirtschaftszeitung bezeichnete das Betriebsklima als eine Größe, die das Geschäftsergebnis eines Unternehmens entscheidend mitbestimmt: „Das, was man Betriebsklima nenne, die menschlichen Verhältnisse innerhalb eines Unternehmens, bestimmen – wenn auch nicht meßbar – ganz wesentlich den Aktienkurs mit. Der Mensch ist auch als Arbeitskraft Mensch. Er entwickelt Werte und Schwächen, je nach seinem Einsatz, je nach seiner Behandlung, je nach seiner Stimmung".

Was bedeutet nun eigentlich das Betriebsklima und wie entsteht es? Das Wort „Klima", die Wetterkunde betreffend, bedeutet das Zusammenwirken vieler Faktoren, wie Temperatur, Niederschlag, Windbewegung, Feuchtigkeit, Strahlung u. ä. In einem Betrieb ist das Klima auch auf viele Einflüsse, vor allem auch auf die Eigenart der unterschiedlichen Menschen zurückzuführen. Es ist nicht so einfach zu beeinflussen, wie es eine Unternehmensleitung annahm: Sie versuchte, ähnlich einer Klimaanlage, zur Verbesserung des Betriebsklimas einen Fachmann für Betriebsklima einzusetzen, der jedoch zum Leidwesen der Geschäftsleitung keinen wesentlichen Erfolg erringen konnte. Es ist nämlich sehr schwierig, das Betriebsklima zu erfassen, und noch viel schwerer, es zu verbessern. Viele Faktoren sind dabei zu berücksichtigen.

Einmal sind es natürlich die Arbeitsbedingungen. Es ist kein Geheimnis, daß Licht und Farben am Arbeitsplatz das Betriebsklima wesentlich beeinflussen. Schon seit altersher schreibt man den Farben einen Einfluß auf das menschliche Gemüt zu und spricht zum Beispiel von „kalten“ und „warmen“ Farben. Manche Farben wirken anregend, manche beruhigend, manche eignen sich besser für Büroräume, andere für Fabrikhallen.

Eine große Rolle hinsichtlich des Betriebsklimas spielen die Vorgesetzten, denn sie gestalten es letzten Endes durch ihre Personalführung mit. Niemand wird leugnen, daß durch gerechte Behandlung der Mitarbeiter, durch ihren richtigen Einsatz und durch ständige und eingehende Information Spannungen im Betrieb vermindert werden können.

Wie kann man aber überhaupt beurteilen, ob ein gutes oder schlechtes Betriebsklima vorhanden ist? Bei aller Vorsicht scheint es doch so, daß sich einige meßbare Größen feststellen lassen. Aus vielfachen Erfahrungen nimmt man zum Beispiel an, daß der Krankenstand, die Unfallhäufigkeit, Beschwerden bei Vorgesetzten oder Betriebsräten und Unpünktlichkeit vom Betriebsklima beeinflußt werden. Durch umfangreiche Untersuchungen – vor allem in den USA und in der Bundesrepublik – konnte z. B. festgestellt werden, daß Nichtinformiertsein und Unzufriedenheit oder Neigung zum Betriebswechsel und Unbefriedigtsein von der Arbeit zusammenhängen. Ob ein Betriebsangehöriger mit seiner Arbeit zufrieden ist, wird sehr stark von seiner Einstellung zum Vorgesetzten und zu den Arbeitskollegen bestimmt.

Landläufige Meinungen, die Zusammenhänge zwischen Einstellung zur Firma und Mitgliedschaft zur Gewerkschaft oder Zufriedenheit mit der Bezahlung und allgemeinem Wohlbefinden sehen wollen, wurden bisher nicht nachgewiesen. Schließlich ist die Arbeitsleistung nicht unabhängig von der Stimmung, mit der man seine Aufgaben erfüllt. Ein bekannter Industrieberater hat in jahrelanger Forschungsarbeit zu beweisen vermocht, daß Ärger ein Vermögen kostet. Nicht nur die Leistung des Menschen, der sich ärgert, ist unter dem Durchschnitt, er steckt auch noch andere an und veranlaßt sie, zu kündigen. Bertrand Russell meinte, daß die „Energie, die die Menschen an kleinlichen Ärger verschwenden, anders verwendet, ausreichen würde, um Weltreiche aufzubauen und zu zerstören".

Die Gründe für einen Stellenwechsel sind sehr unterschiedlich. Einerseits wird die Wirtschaftslage des Unternehmens, andererseits werden mehr persönliche Gründe eine Rolle spielen. In Abb. 18 werden sechs Motivgruppen in ihrer Abhängigkeit zu Alter, Geschlecht und Schulbildung der Befragten dargestellt. Es ergeben sich dabei jeweils andere Gewichtungen.

Abbildung 18: Motive zum Stellenwechsel

Motivgruppen	Altersstufen		Geschlecht		Schulstufen	
	20-24	über 40	weibl.	männl.	VS*	MS* HS
1 Verdienst, Sicherheit und Versicherungen	57	80	51	68	72	44
2 Tätigkeit und Beruf	91	72	84	97	100	73
3 Betriebsklima und menschlicher Kontakt	40	44	36	29	43	23
4 Weiterbildung	40	21	29	46	30	49
5 Arbeitszeit	7	4	17	6	9	1
6 Arbeitsplatz, Wohnung	14	14	7	11	16	11

* VS = entspricht der Hauptschule
MS = Mittelschule
HS = höheren Schule

c) Aufstiegschancen

Wir lesen und hören heute so viel von Aufstiegschancen im Betrieb, daß wir diesen Begriff schon fast als Schlagwort empfinden. Aufstiegschancen werden häufig in den Stellenanzeigen und Bewerbungsschreiben erwähnt. Fehlende Aufstiegsmöglichkeiten gibt man oft als Kündigungsgrund an. Manchmal scheint es so, als ob bei den Mitarbeiterwünschen die sofort realisierbare finanzielle Verbesserung gegenüber den Aufstiegschancen zurücktritt. Sie verzichten darauf zugunsten der langsameren, aber stetigen finanziellen Besserstellung mit gleichzeitigem Weiterkommen.

Das hängt eng mit dem Bedürfnis nach Sozialprestige zusammen. Fast jeder möchte auch nach außen hin seine Position demonstrieren und sich deutlich von anderen abheben.

Verschafft ihm der Betrieb dafür nicht die Voraussetzungen, indem er Aufstiegsmöglichkeiten bietet, dann sucht er nach anderen Wegen, um seine Wünsche zu realisieren. Manch einem Arbeitnehmer traut man die Rolle, die er außerhalb des Betriebes spielt, gar nicht zu, wenn man sie mit der Beurteilung seiner Leistung und mit seiner Eingruppierung vergleicht.

Häufig sieht die betriebliche Personalorganisation nur wenige Aufstiegsstufen vor. Selbst wenn man berücksichtigt, daß die Hierarchie im Betrieb nicht willkürlich geschaffen wurde, sondern sich im Laufe einer längeren Zeit aus praktischer Notwendigkeit herausbildete, sollte man sie nicht als gegeben und unabänderlich hinnehmen. Ohne große Schwierigkeiten kann man zum Beispiel an Stelle pauschaler Berufsbezeichnungen differenzierte Tätigkeitsbezeichnungen setzen. Zwei Möglichkeiten seien dafür angeführt:

Folgende, in aufsteigender Rangordnung mit Funktionsgruppen aufgeführte Beispiele kommen in der Praxis vor:

Abbildung 19:

Fach- und Führungslaufbahnen							
Berufsgruppen – Fachlaufbahnen							Berufsbereich
		Vertriebs-assistent	Junior-Vertriebs-repräsent.	Vertriebs-repräsent.	Senior-Vertriebs-repräsent.	Leitender Vertriebs-repräsent.	Marketing-/Vertriebs-bereich
		Marketing-assistent	Marketing-spezialist	Senior-Marketing-spezialist	Marketing-berater	Senior-Marketing-berater	Produktman./Branchen-manager
					Projekt-leiter	Senior-Projekt-leiter	Projekt-manager
		Lehr-assistent	Fach-lehrer	Senior-Fachlehrer	Fach-dozent	Senior-Fachdozent	Chef-dozent
			Fach-übersetzer	Senior-Fach-übersetzer	Chef-übersetzer		
		System-assistent	System-berater	Senior-System-berater	Fach-berater	Senior-Fach-berater	Chef-berater	Systemtechnischer Bereich
		Organisa-tions-assistent	Organisator	Senior-Organisator			
	Program-mier-Assistent	Program-mierer	Senior-Program-mierer	System-Program-mierer	Senior-System-Program.		
Operator-Assistent	Operator	Konsol-Operator	Chef-Operat./Arbeits-vorbereiter				

		Technischer Lehrer	Fachlehrer	Senior-Fachlehrer	Fachdozent			**Kunden-Dienst-Bereich**
	Service techniker	System-techniker	Senior-System-techniker	Fach-techniker	Chef-techniker			
			Service-spezialist	Senior-Service-spezialist	System-spezialist			
	Sach-bearbeiter	Senior-Sach-bearbeiter	Verwaltungs-Fachkraft	Senior-Verwaltungs-Fachkraft	Fachreferent/ Direktions-assistent	Senior-Fach-referent		**Ver-waltungs-bereich**
Sekretärin III Telefonistin/ Fernschrei-berin/Emp-fangskraft/ Bürokraft/ Datentypistin	Sekretärin II	Sekretärin I	Direktions-sekretärin	Chef-sekretärin				
				Tarifbereich →	**← AT-Bereich**			

Berufsgruppen – Führungslaufbahnen

				Vertriebs-büroleiter	Geschäfts-stellen-leiter	Vertriebs-direktor	Bereichs-leiter	**Vertriebs-bereich**
		Gruppen-leiter II	Gruppen-leiter I	Abteilungs-leiter	Haupt-abteilungs-leiter	Abteilungs-direktor	Bereichs-leiter	**Übrige Bereiche**
		Tarifbereich →	**← AT-Bereich**					

aus: Kauffeld, Jürgen: Laufbahnmodelle als Baustein der Personalentwicklung, in: Personalführung 1, 1981, S. 13 ff.

Es geht nicht um bloße Bezeichnungen, die im Grunde nichts besagen, sondern um wirkliche übersehbare Aufstiegsmöglichkeiten. Sie werden vom Mitarbeiter gesucht und lassen sich wohl in jedem Unternehmen schaffen. Erleichtert wird dieses Bemühen, wenn man die bereits behandelte analytische Arbeitsbewertung zur Grundlage neuer Stellenbezeichnungen nimmt.

Es gibt heute nur noch wenige Arbeitsgruppen, in denen alle Mitarbeiter das gleiche machen. Ausgehend von der Spezialisierung der Tätigkeiten bietet sich eine Differenzierung geradezu an. Dabei ergeben sich unterschiedliche Wertigkeiten der Arbeitsplätze und somit Beförderungschancen für Mitarbeiter, die sich auf geringwertigen Arbeitsplätzen bereits bewährt haben.

Machen Sie aber den Mitarbeitern eindeutig klar, daß der einzelne von sich aus etwas dazu tun muß, um vorwärtszukommen, nämlich nicht nur die geistigen Voraussetzungen mitbringen, sondern auch Einsatzbereitschaft und gesunden Ehrgeiz!

Überbetrieblicher Personalwechsel ist teuer. Er belastet viele Stellen im Unternehmen und verursacht erhebliche Kosten. Ausserdem beeinträchtigt ein ständiger Wechsel der Mitarbeiter die Leistung einer Arbeitsgruppe und stört die Zusammenarbeit. Er erzeugt Mißtrauen und Unzufriedenheit auch bei den anderen Mitarbeitern und regt sie unter Umständen selbst zum Wechsel an. Er bringt übernormalen Verschleiß mit sich und erhöht die Unfallquote.

Personalwechsel belastet schließlich auch die Vorgesetzten, denn sie müssen ständig neue Mitarbeiter einführen und unterweisen.

Darum sollten Sie beim Ausscheiden von guten Mitarbeitern spürbar reagieren und prüfen, inwieweit dies auf objektiv feststellbare Mängel im Betrieb zurückzuführen ist und ob Sie die Störung beseitigen können.

Dies gilt nicht in bezug auf den innerbetrieblichen Wechsel auf ausgeschriebenen Arbeitsplätzen. Eine gute Führungskraft muß den für Unternehmen und Mitarbeiter förderlichen Wechsel begrüßen und zugunsten des Gesamten u. U. auch vorübergehende Schwierigkeiten im eigenen Betrieb hinnehmen.

Kapitel XII

Rationalisierungsprobleme

„Der Widerstand gegen eine Änderung ist proportional dem Druck, den wir anwenden, um sie durchzusetzen.“

Don F. Copell

In vielen Geschäftsberichten wird immer wieder von Rationalisierungserfolgen berichtet. Vor allem die Wettbewerbslage und der Arbeitskräftemangel zwingen viele Unternehmen dazu, die Arbeitsabläufe wirkungsvoller zu gestalten und Tätigkeiten auf Maschinen zu übertragen. In fast allen Branchen hat das Maßnahmen ausgelöst, die betroffenen Mitarbeitern einen gewissen Schutz bieten.

Die Versuche und Methoden, Produktionsvorgänge zu rationalisieren, sind alt; sie sind sozusagen ein Prinzip jeder industriellen Fertigung gewesen. Das Neue an der gegenwärtigen Entwicklung ist vielmehr das Ausmaß der Rationalisierung. Sie beschränkt sich nicht nur auf die Produktion, sondern greift auf Büro und Verwaltung über. Die Möglichkeit, schematische (d. h. programmierbare) Tätigkeiten und manuelle Verrichtungen einer Maschine zu übertragen, bietet sich auch auf diesen Gebieten an. Doch hier scheinen sich besondere Schwierigkeiten zu ergeben, da die Anforderungen, die infolge der Technisierung auf zahlreiche Angestellte zukommen, mit ihrer Vorstellung vom „Angestellten“ kollidieren und ihr Prestige antasten.

Zwei wesentliche Veränderungen zeichnen sich gerade bei dieser Arbeitnehmergruppe ab. Einmal wird nicht nur die absolute Zahl der Angestellten weiter stark ansteigen, sie werden mit der Zeit in immer mehr Verwaltungen und Unternehmen sogar den größten Anteil an den Arbeitnehmern ausmachen. Zum anderen verringert sich die Bedeutung der mittleren Angestelltenpositionen innerhalb der Büroberufe, oder sie erhält – wie oft bei den technischen Angestellten – durch Aufgaben der Menschenführung mehr Gewicht.

a) Einstellung der Mitarbeiter

Rationalisierung ist nicht ein Problem, das Planer und Organisatoren allein beschäftigt, sondern vor allem die große Zahl der davon betroffenen Arbeitnehmer und ihre Vorgesetzten. Ihnen verursacht diese Entwicklung Unbehagen, vielfach sogar Furcht. Ihre Besorgnisse sind nicht einfach abzutun, denn für sie geht es darum, ob sie von ihrem Arbeitsplatz verdrängt werden und eine Maschine an ihre Stelle tritt, ob sie eine Tätigkeit verrichten müssen, bei der ihre Kenntnisse und Fähigkeiten verkümmern und bei der sie Lohneinbußen zu erwarten haben.

Selbst wenn die Mitarbeiter den Zweck von Rationalisierungsmaßnahmen erkennen – nämlich Arbeit, Zeit und Material zu sparen, ohne ihnen zusätzliche Belastungen zu bringen –, entstehen für sie damit immer noch genügend Probleme. Ihre Tätigkeiten verändern sich, und mit ihnen häufig die Einstellung zur Arbeit. Es fällt ihnen schwerer, von ihrer Arbeit befriedigt zu sein. Da sie häufig nur noch ein kleiner Teil des Ganzen ist, fühlen sie sich unbedeutend und unausgefüllt.

Allgemein beruht ja der Widerstand gegen Rationalisierungen nicht auf der Ablehnung technischer Veränderungen überhaupt. Er beruht vielmehr auf Unsicherheit und Angst vor Neuerungen und ihren Auswirkungen, zumal wenn die Mitarbeiter nicht rechtzeitig informiert werden. Werden dagegen Veränderungen frühzeitig angekündigt, so haben die Betriebsangehörigen Gelegenheit, sich ruhig und sachlich damit auseinanderzusetzen.

Die meisten Betroffenen sehen nur die negativen Folgen der Technisierung, sie übersehen die positiven Möglichkeiten, die sie ihnen bietet. In der Regel werden die Arbeitsbedingungen verbessert, schädliche Umwelteinflüsse verringert oder sogar beseitigt. Die Zahl der Betriebsunfälle vermindert sich oft, und schwere körperliche Arbeit wird nur noch selten verlangt.

Andererseits aber, und das ist das Hauptproblem für die Führungskräfte, bedeutet die Anfangsphase der Rationalisierung und erst recht der Automatisierung eine besonders starke nervliche

Belastung, eine psychische Anspannung, die nur durch behutsame Hilfestellung und Unterstützung in der Umstellungsphase verschwinden wird. Auch deshalb ist es wichtig, den Betriebsangehörigen gegenüber alle geplanten Vorhaben frühzeitig zu begründen und zu rechtfertigen, und zwar nicht nur in bezug auf eine Veränderung der Arbeitsplätze, sondern auch im Hinblick auf die gesamte Beschäftigungslage, die wirtschaftliche Situation des Unternehmens usw.

Auf der 2. Internationalen Arbeitstagung der Industriegewerkschaft Metall „Automation – Risiko und Chance“ im März 1965 hieß es: „Wo immer ein Unternehmer, um seinen Profit zu maximieren, technische Veränderungen unternimmt, die in irgendeiner Form die Arbeitsplatzsicherheit seiner Arbeiter berühren, hat er die moralische Verpflichtung, zunächst alles zu tun, um den Arbeiter gegen den Verlust seines Arbeitsplatzes zu schützen. Falls das unmöglich ist, muß er alles tun, um die für den Arbeiter auftretenden Schwierigkeiten zu verringern. Die Kosten solcher Maßnahmen sollten als Teil der für den technischen Fortschritt notwendigen Kosten betrachtet werden, geradeso wie die Kosten für neue Maschinen.“ Diese Ausführungen gelten nach wie vor.

Während die amerikanischen und z. T. auch britischen Gewerkschaften oft sehr stark gegen die Automation zu Felde ziehen, ist dies in Deutschland bisher kaum erfolgt. Das liegt bei uns wesentlich an einem Gewerkschaftstyp, „der mehr an der Verwendbarkeit und Produktivität der Mitglieder als an der bloßen Sicherung des Arbeitsplatzes und bestimmter Fertigkeiten festhält.“

Bevor man Rationalisierungsmaßnahmen ergreift, müssen die jeweiligen Verhältnisse und die Einstellung und Reaktion der Betroffenen genau erforscht werden.

Schließlich sollte es nicht darum gehen, möglichst hohe – meist nur kurzfristige – Erfolge durch Rationalisierung um jeden Preis zu erzielen, sondern eine stetige, für alle Beteiligten nutzbringende Anwendung technischen Fortschritts anzustreben. Dabei wird die Information über die angestrebten Maßnahmen auf

Unternehmensebene, also im wirtschaftlichen Bereich, zentral von oben kommen. Die Vorgesetzten aller Ebenen müssen den Informationsfluß sicherstellen, um damit einer vielleicht einseitigen Information auf anderen Wegen zu begegnen.

Eine Umstellung der Arbeitsverfahren – also eine Rationalisierung im weiten Sinne –, die etliche Arbeitskräfte einspart oder die Möglichkeit zur Arbeitszeitverkürzung gibt, verliert dann ihren Sinn, wenn die Mitarbeiter zwangsläufig mehr Freizeit benötigen, um ihre Krankheiten – auch ihre Depressionen – zu kurieren. In den letzten Jahren sind durch die Sozialpartner Lösungen gefunden worden, die die Mobilität und den – z. T. stufenweisen – Übergang in den Ruhestand erleichtern.

b) Irrationale Momente

Bei Beachtung der sachlichen Gesichtspunkte aller Anweisungen und Richtlinien kann eine Maßnahme erfolgreich sein; sie kann aber auch das Gegenteil von dem bewirken, das man beabsichtigt hat. Woran liegt das?

Es scheint, daß häufig übersehen wird, welch wichtige Rolle auch im Betriebsablauf das irrationale Moment spielt. Aus dieser Erkenntnis wird allerdings nicht immer die notwendige Schlußfolgerung gezogen. Die Faktoren, die das Verhalten der Mitarbeiter zu ihrer Arbeit und zum Betrieb überhaupt bestimmen, werden bei Umstellungen nur ungenügend berücksichtigt. Dann kann es geschehen, daß genau die gegenteilige Wirkung eintritt, wie das folgende Beispiel zeigt:

In einem Werk hatten die Arbeiter bis dahin fertige Apparaturen in einen Kasten gelegt, der in gewissen Abständen zum Verpackungsraum gebracht wurde. Um den Transportweg zu verkürzen, wurde eine Öffnung in der Werkbank angebracht, so daß die Fertigteile auf einer Bahn direkt in den Verpackungsraum gelangten. Unnötige Bewegungen wurden damit eingespart, aber die Leistungen gingen dennoch stark zurück. In einer Aussprache erfuhren die Vorgesetzten, daß sich für die Arbeiter die Tätigkeit entscheidend geändert habe. Da sie den Erfolg ihrer

Arbeit – das heißt die Zahl der von ihnen gefertigten Teile – nicht sahen, hatten sie keine Freude mehr an der Arbeit und waren unzufrieden. Daraufhin baute man arbeitserleichternde Transportkästen, die sichtbar untergebracht waren – und die ursprüngliche Arbeitsfreude kehrte bald wieder zurück.

Immer wieder zeigt sich auch, daß Mitarbeiter, ebenso Vorgesetzte, oft instinktiv das Richtige tun, daß sie bei Störungen den Fehler oft gefühlsmäßig finden und schnell beseitigen. Spricht das nun gegen den Fortschritt, gegen technische Veränderungen, gegen die Automation? Es zeigt sich zunächst einmal ganz deutlich, wie wichtig die innere Verbundenheit des Arbeitnehmers mit seiner Tätigkeit ist. Denn ein derartiges Verhalten findet sich gerade bei denjenigen, die ganz in ihrer Aufgabe aufgehen und volle Befriedigung darin finden. Eine sehr wichtige Voraussetzung dafür ist aber die ständige Unterrichtung über betriebliche Vorgänge. Entscheidend wird sie bei Veränderungen, bei Rationalisierungen, die unter Umständen erhebliche Auswirkungen auf die Situation der Betriebsangehörigen haben können.

c) Verhalten der Vorgesetzten

Doch nicht nur die Situation und Reaktion der Betriebsangehörigen müssen bei allen Rationalisierungsmaßnahmen berücksichtigt werden; auch – vielleicht bestätigen Sie es – die Vorgesetzten sehen sich Schwierigkeiten gegenüber. Hatten sie früher oft die Möglichkeit, innerhalb ihres Bereiches je nach Notwendigkeit und Umstand nach eigenem Ermessen zu planen und zu improvisieren, so sind sie heute in verstärktem Maße an Anweisungen und Richtlinien gebunden.

Rationelles Arbeiten ist häufig nur mit zentraler Kontrolle und zentraler Entscheidungsbefugnis möglich; und dieser Notwendigkeit unterliegen auch die Führungskräfte. Ein bekannter Unternehmer spricht mit Hinweis auf seine weitgehend automatisierte Fabrik vom „Ende der Meisterwirtschaft“.

Es werden einheitliche Maßstäbe für den gesamten Betrieb geschaffen, sei es in bezug auf Lohn- und Gehaltsfestsetzung, Arbeitsbedingungen usw., die den Ermessensspielraum des Vorgesetzten einengen.

Das bedeutet aber in den meisten Fällen eine spürbare Entlastung für die Vorgesetzten, da sie sich jetzt anderen Führungsaufgaben intensiver widmen können. Verschiedentlich wurde auf die Bedeutung der ständigen Information, auf das Vertrauen, das Sie Ihren Mitarbeitern entgegenbringen sollten, hingewiesen. Dazu ist besonders in letzter Zeit im Zusammenhang mit Rationalisierung und Automation eine neue Aufgabe hinzugekommen, nämlich die der Unterstützung und Hilfestellung bei Umschulung und Weiterbildung der Betriebsangehörigen.

Im Laufe der Zeit hat sich die Arbeitszeit mehr und mehr verringert und dem Arbeitnehmer viel Freizeit gebracht. Viele nutzen sie zur Weiterbildung. Dieses Streben sollte von den Vorgesetzten angeregt und unterstützt werden, zumal sich gerade im Zuge der zunehmenden Technisierung eine vielseitige Ausbildung bzw. Einsetzbarkeit des Mitarbeiters als günstig erwies.

Die mit dem Betriebsverfassungsgesetz verstärkte Informationspflicht des Arbeitgebers führt naturgemäß zu einer früheren Information der betriebsverfassungsrechtlichen Organe, wie Betriebsrat, Betriebsausschuß, Wirtschaftsausschuß u. a., über alle Rationalisierungsmaßnahmen. Dies gilt sowohl für die Unternehmensebene – also dem wirtschaftlichen Bereich –, wenn z. B. ganze Betriebe oder Betriebsteile betroffen werden (§§ 106, 111 ff. BetrVG), als auch für die Gestaltung von Arbeitsplätzen, Arbeitsablauf und -umgebung (§§ 90, 91 BetrVG).

Damit die Information der Mitarbeiter über solche Maßnahmen nicht einseitig von der Arbeitnehmervertretung her erfolgt (s. a. Kap. IV), wobei sich in der Informationskette entstellende Tendenzen bilden könnten, muß der Informationsfluß der Arbeitgeberseite durch alle betrieblichen Ebenen möglichst schnell und störungsfrei erfolgen. Dafür ist jeder Vorgesetzte in seinem Bereich verantwortlich.

Rationalisierungsmaßnahmen sind notwendig, um die Wettbewerbsfähigkeit des Unternehmens zu erhalten. Ihre Aufgabe als Vorgesetzter ist es, die Initiative zu ergreifen und zusammen mit den Mitarbeitern die Veränderungen zu durchdenken und sich für ihre Durchführung einzusetzen. Sie haben ihre Mitarbeiter rechtzeitig von notwendigen Veränderungen zu unterrichten und sie an den für richtig erkannten Umstellungen mitarbeiten zu lassen. Ohne positive Einstellung der Betriebsangehörigen verkehren sich sonst alle Rationalisierungsmaßnahmen in ihr Gegenteil. Als Vorgesetzter müssen Sie dafür sorgen, daß die Selbstachtung der Mitarbeiter nicht durch unkluge Rationalisierungsmaßnahmen verletzt wird.

Kapitel XIII

Der persönliche Führungsstil

„Der Ruf nach Gedankenfreiheit setzt das Vorhandensein von Gedanken voraus."

W. Lichtenberg

Beeinflußt durch Erfahrung und Schulung wird jeder im gewissen Rahmen seinen persönlichen Führungsstil entwickeln. Insbesondere die eigenen Erfahrungen und die eigene Mentalität lassen sich nicht einfach beiseite schieben, wenn das Führungsverhalten nicht verkrampft sein soll. Das ist auch gut so. Die Mitarbeiter erwarten zwar einen für sie passenden Führungsstil, aber auch einen Vorgesetzten, der sich so gibt, wie er wirklich ist, auf dessen Führungsstil sie sich einstellen können und der sie nicht mit unberechenbarem Verhalten überrascht.

Oft verlangt auch die unterschiedliche Zusammensetzung der Mitarbeiter eine differenzierte Behandlung. Für Forscherteams z. B. ist ein anderer Führungsstil sinnvoll als in der Produktion. Einen kleinen Einblick in die große Bandbreite der Führungsstile mag die folgende Tabelle zeigen[21] (Abb. 20, S. 129).

Während der autoritäre Führungsstil vom „unreifen" Menschen ausgeht und ihm für seine Tätigkeit alles vorschreibt, läßt im anderen Extrem der Führungsstil des „laissez-faire" den einzelnen Mitarbeiter seine Tätigkeit ganz allein bestimmen. Erst der kooperative Führungsstil ermöglicht es, dem Mitarbeiter mit dem Wachsen seiner Fähigkeiten und seiner Persönlichkeit zunehmend mehr Verantwortung und Autorität zu übertragen. Entscheidend für die Entwicklung von Person und Leistung ist es – und das zeigt sich ganz besonders beim Zusammentreffen von Führungsformen aus hochindustrialisierten Gebieten und Ent-

---

[21] *Zander/Grabner/Knebel/Pillat:* Führungssysteme in der Praxis, Heidelberg 1972, S. 37.

Abbildung 20: Kriterien der Führungsstile

Führungsstil / Kriterien	autoritär	bürokratisch	patriarchalisch	kooperativ	Laissez-faire
Die Beschäftigten werden betrachtet als	Maschinen	anonyme Faktoren	Kinder	Mitarbeiter	isolierte Individuen
Autorität und Macht des Vorgesetzten wird hergeleitet von	Hierarchie	Apparat	Vater	persönliches Können und Aufgabe	Mitarbeiter
Entscheidungen werden getroffen durch	Befehl	schriftliche Anweisungen und Vorschriften	anordnende Aufklärung	Anhören und Überzeugen der Mitarbeiter	Abstimmungen
Die Information geht aus	von der Spitze	formelle Wege, überwiegend von oben nach unten	wohlwollend von oben	von oben, von unten, auch Quer- und Schräginformation	zufällig
Aufsicht und Kontrolle	Totalkontrolle	durch Berichte u. schriftl. Überprüfungen	nach Gefühl	durch den Vorgesetzten	Selbstkontrolle
Schwerpunkt der Motivation	Angst	Anweisungen und Vorschriften	Abhängigkeit	Bürger im Betrieb	Freiheit
Anwendungsgebiet	Diktaturen	starre Verwaltungen	Gutshof	moderne Unternehmen und Verwaltungen	Forscherteams

Zander/Grabner/Knebel/Pillat: Führungssysteme in der Praxis, Heidelberg 1972, S. 37.

wicklungsländern –, daß Verantwortung und Autorität nur in dem Maße übertragen werden dürfen, wie sie von den Mitarbeitern auch aufgenommen werden können. Sind die Mitarbeiter in ihrer persönlichen Entwicklung noch nicht ausgereift genug, führt eine zu früh verlangte Selbständigkeit zu einer „Führungslücke" und somit zu Nachteilen aus betrieblicher und persönlicher Sicht. Werden Verantwortung und Autorität dagegen zu spät übertragen, werden also selbständige Mitarbeiter immer noch wie unselbständige geführt, führt das unvermeidlich zu Spannungen und auch zur Schmälerung der Leistung. Eine Anpassung des Führungsverhaltens an den „Reifegrad" der Arbeitsgruppe ist die eigentliche Kunst des Führens.

Abbildung 21: Typische Fälle des Führungsverhaltens

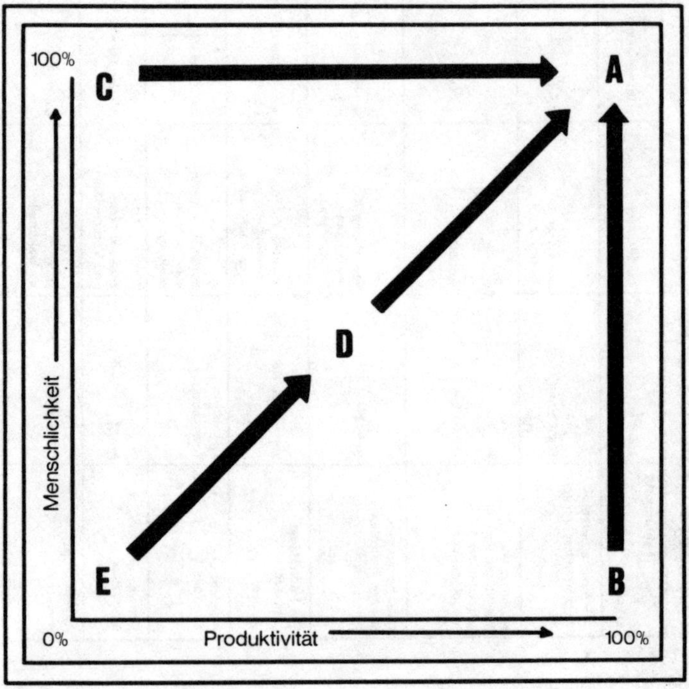

Sie werden sehr leicht feststellen können, daß sich der hier empfohlene Führungsstil weitgehend mit der kooperativen Verhaltensweise deckt, denn diese Führungsform paßt am besten zum Stand der Fähigkeiten und Bedürfnisse der meisten unserer Mitarbeiter. Sie werden sich vielleicht fragen, wie denn nun dieser Führungsstil aussieht und prüfen wollen, inwieweit Sie selbst sich schon richtig verhalten. Grundmerkmal der kooperativen Verhaltensweise ist es, den Menschen genauso wichtig zu nehmen wie die Produktivität der Arbeit. Anders ausgedrückt: nicht nur die materielle Lohntüte soll leistungsgerecht gefüllt sein, sondern die Mitarbeiter sollen auch mit dem Inhalt der „seelischen Lohntüte" zufrieden sein[22].

Sie müssen dabei das leistungsorientierte Verhalten mit dem personenorientierten in Einklang bringen, also einen Führungsstil zu erreichen versuchen, der möglichst dem Typ A in der Abbildung 21 entspricht. Das Schaubild[23] unterscheidet dabei folgende Typen:

a) Führungsverhalten der Vorgesetzten
(Verhaltensschema)

Der kooperativ führende Vorgesetzte (A)

Dieser Führungsstil ist auf eine hohe Produktivität ausgerichtet. Die Menschen werden durch Fordern gefördert, wobei beide Faktoren (Wertung des Menschen, Wertung der Produktion) gleichermaßen berücksichtigt werden. Der Einzelne fühlt sich verantwortlich, bildet sich weiter und engagiert sich. Es besteht ein gegenseitiges Verständnis und Übereinstimmung in den Zielen und Mitteln.

---

[22] *Korff, E.:* Betriebspsychologisches Taschenbuch für Vorgesetzte, 4. Aufl., Heidelberg, 1972.

[23] Nach: *Blake, R./Monton, S.*, Verhaltenspsychologie im Betrieb, Düsseldorf/Wien, 1968.

Der autoritär führende Vorgesetzte (B)

Die Menschen werden oft nur als Mittel zum Zweck angesehen (der Mensch ist Werkzeug der Produktion). Schöpferische Ideen werden unterdrückt, weil dafür kein Raum vorhanden ist. Jedes Handeln muß reglementiert sein.

Der „wohlfährig" führende Vorgesetzte (C)

Durch nettes Verhältnis der Menschen zueinander wird vorübergehend das Betriebsklima verbessert. Allerdings leidet darunter die Produktivität sehr stark. Entscheidungen und Anordnungen, die den Mitarbeitern nicht liegen, werden möglichst zurückgehalten. Die Arbeitsgruppe wird als „große glückliche Familie" angesehen.

Der übervorsichtig führende Vorgesetzte (D)

Dieser Führungsstil ist dadurch gekennzeichnet, daß der Mensch so wichtig ist wie die Produktion. Es wird versucht, zwischen diesen beiden Polen ein Gleichgewicht herzustellen. Statt aber eine Integration von Mensch und Produktion zu erreichen, versucht man eine separate Einwirkung. Die meiste Energie wird dazu benutzt, beide Systeme parallel nebeneinander herlaufen zu lassen.

Der nicht mehr führende Vorgesetzte (E)

Der Vorgesetzte übt einen geringen Einfluß sowohl auf seine Mitarbeiter als auch auf die Gewinnerzielung aus. Er hält sich möglichst aus allem heraus und trägt nicht gern Verantwortung. Kritik wird nur selten geübt. Wenn kritisiert wird, dann nur zur eigenen Verteidigung und Rechtfertigung.

b) Ermitteln des persönlichen Führungsstiles

Verschiedene Ausbildungsstätten benutzen umfangreiche Fragebögen, mit denen die Seminarteilnehmer ihr eigenes Führungsverhalten testen können. Das nachfolgende Frageschema – zuerst konzipiert von Hall, Harvey und Williams – lehnt sich an solche Erfahrungen an. Es soll Ihnen die Möglichkeit geben, Ihr Führungsverhalten selbst zu überprüfen. Voraussetzung für ein echtes Ergebnis ist, daß Sie ehrlich gegenüber sich selbst sind. Nur so werden Sie verwertbare Informationen erhalten.

Zu jedem Führungskomplex sind 5 Lösungsmöglichkeiten aufgezeigt. Bringen Sie diese in eine Rangordnung, die Ihren Vorstellungen entspricht. Die Lösung, die Ihnen am meisten zusagt, bewerten Sie mit fünf Punkten, die Ihnen am wenigsten zusagt, mit einem Punkt. Die übrigen Werte ordnen Sie in die verbleibenden Rangplätze ein.

Beginnen Sie also, indem Sie beispielsweise der ersten Möglichkeit 5, 3 oder eine andere Punktzahl geben. Die Zahl 5 oder 3 tragen Sie dann in das mit 1) bezeichnete Kästchen zu diesem Führungskomplex ein.

Führungsgrundhaltung

1. Ich bin überzeugt, daß

	☐	☐	☐	☐	☐
	1	2	3	4	5

1) die Mitarbeiter ihre Bedürfnisse denen des Unternehmens unterzuordnen haben.

2) sowohl die Ziele und Wünsche des Einzelnen als auch die des Unternehmens gleichsam verfolgt werden sollen. In Zweifelsfällen ist das Unternehmensziel ausschlaggebend.

3) ein reibungsloser Arbeitsablauf sichergestellt ist, wenn die Wünsche der Mitarbeiter erfüllt und alle Bedingungen für eine gute Arbeitsmoral geschaffen werden.

4) die Ziele der Mitarbeiter und die des Unternehmens für die Qualität der Leistung gleichbedeutend sind und beides zu erfüllen ist, wenn optimale Ergebnisse erzielt werden sollen.

5) die Aufgaben des Unternehmens wesentlich durch strategische Überlegungen geprägt sind. Der Mitarbeiter hat wenig Möglichkeiten, dies von sich aus zu ändern.

2. Ein kooperativer Führungsstil wird verfolgt, wenn

□	□	□	□	□
1	2	3	4	5

1) der Vorgesetzte die Arbeit der Mitarbeiter plant und leitet und die Mitarbeiter die Anweisungen in angemessener Zeit ausführen.
2) Vorgesetzte und Mitarbeiter im Team zusammenarbeiten, um die Leistungsziele und die Arbeitsbefriedigung gemeinsam zu erreichen.
3) jeder Mitarbeiter weitgehend selbständig arbeitet und nur ein minimaler Kontakt zwischen Vorgesetzten und Mitarbeitern besteht.
4) Vorgesetzte und Mitarbeiter bereit sind, ihre persönlichen Ansprüche bei der Aufgabenerfüllung etwas zurückzustecken.
5) der Vorgesetzte weniger Wert auf die Arbeitsanforderungen als auf das Arbeitsklima legt und ihm das persönliche Wohlergehen seiner Mitarbeiter eine wichtige Zielsetzung ist.

Zielsetzung und Planung

1. Die Planungsfunktion nehme ich so wahr, daß ich

□	□	□	□	□
1	2	3	4	5

1) die Unternehmensziele ohne Rücksprache mit meinen Mitarbeitern auslege und einen endgültigen Plan für sie erarbeite.
2) bei der Verfolgung der Unternehmenspolitik die Arbeitsmoral meiner Mitarbeiter nicht gefährde.
3) die Politik gemeinsam mit den Mitarbeitern auslege, um damit ein gemeinsames Verständnis der Ziele und Wege zu ihrer Erreichung zu gewinnen.

4) die Zielsetzung für meine Mitarbeiter interpretiere, damit sie volle Klarheit darüber gewinnen, was ich von ihnen verlange.

5) mich dabei hauptsächlich auf meine Vorgesetzten verlasse und die Planung und Auslegung unverändert und so klar wie möglich an meine Mitarbeiter weitergebe.

2. Ich bin überzeugt, daß ☐ ☐ ☐ ☐ ☐
1 2 3 4 5

1) eine Ausbildung meiner Mitarbeiter auf die Zielsetzung der von ihnen zu besetzenden Stelle ausgerichtet sein sollte.

2) jeder Mitarbeiter auf die Ziele des Unternehmens hingewiesen und ermuntert werden sollte, die Ausbildungsmöglichkeiten auf dem Gebiet zu nutzen, auf denen sie im Hinblick auf die Zielsetzung Lücken zeigen.

3) die Personalpolitik von den Wünschen nach persönlicher Entwicklung und Arbeitszufriedenheit der Mitarbeiter bestimmt werden sollte.

4) die Notwendigkeit, eine hohe Leistung zu erzielen und das individuelle Bedürfnis der Mitarbeiter nach Selbstverwirklichung und persönlicher Entwicklung bei der Zielbildung für eine Personalentwicklung, gleichrangig gesehen werden sollten.

5) sich die persönliche Entwicklung automatisch durch den eigenen Ehrgeiz und die Umsetzung der selbstgemachten Erfahrung ergeben, also besondere Trainingsprogramme nicht unbedingt erforderlich sind.

Umsetzen von Gedanken in Handlungen

1. Bei dem Umsetzen von Gedanken in Handlungen würde ich

□	□	□	□	□
1	2	3	4	5

1) meine Aufgabe in der aktiven Leitung der Arbeitsausführung sehen. Ich prüfe ständig den Arbeitsfortschritt und leite korrigierende Maßnahmen ein, sobald dies erforderlich sein sollte.

2) diesen Vorgang als eine verlängerte Planungsphase ansehen. Beide Funktionen lassen sich nur integriert betrachten. Alle Beteiligten planen und handeln ständig während des Fortschrittes der Aufgabenerfüllung.

3) besonders die Auswirkungen auf die Mitarbeiter während des Arbeitsfortschrittes beachten. Von Zeit zu Zeit stelle ich fest, ob die Mitarbeiter zufrieden sind und die Arbeit befriedigend fortschreitet.

4) Pläne zur Realisierung an meine Mitarbeiter weitergeben und klare Verantwortungen schaffen. Damit ist meine Aufgabe zu diesem Teil erledigt. Die Mitarbeiter sind für die Ausführung der Pläne und die Kontrolle des Arbeitsfortschrittes verantwortlich.

5) bereit sein, von jedem Mitarbeiter Änderungen zu akzeptieren. Den Arbeitsprozeß können die Mitarbeiter so umgestalten, daß ihre Wünsche weitgehend befriedigt werden. Allerdings dürfen diese Änderungen keine Konsequenzen in angrenzenden Bereichen nach sich ziehen.

2. Bei dem Umsetzen von Gedanken in Handlungen regeln sich Delegation von Aufgaben und Kompetenzen, indem ich

□	□	□	□	□
1	2	3	4	5

1) Aufgaben und Kompetenzen nach Prüfung der individuellen Fähigkeiten und Grenzen meiner Mitarbeiter delegiere.

2) Aufgaben und Kompetenzen nach den mir bekannten Kenntnissen und Fähigkeiten meiner Mitarbeiter delegiere. Ich stelle dabei sicher, daß meine Überlegungen von allen Mitarbeitern verstanden werden.
3) gemeinsam mit meinen Mitarbeitern die Aufgaben und Kompetenzen für jede Stelle festlege, um beim Erreichen des Abteilungsziels denen eine große persönliche Zufriedenheit zu geben, die Kompetenzen übernehmen.
4) entsprechend den Stellenbeschreibungen und der klaren organisatorischen Weisungs- und Verantwortungsbeziehung Aufgaben und Kompetenzen vergebe.
5) Aufgaben und Kompetenzen nur an solche Mitarbeiter delegiere, von denen ich den Eindruck habe, daß sie Interesse und Befriedigung an dieser Arbeit finden.

Leistungsbeurteilung

1. Die Leistungen meiner Mitarbeiter beurteile ich

☐	☐	☐	☐	☐
1	2	3	4	5

1) indem ich Gespräche mit jedem einzelnen Mitarbeiter führe. Ich zeige dabei Schwächen auf und weise auf Gebiete hin, die weiterer Entwicklung bedürfen.
2) indem ich die positive Seite ihrer Tätigkeiten betone, und Vorschläge von ihnen darüber einhole, wie sich die Arbeitsbedingungen verbessern lassen.
3) indem ich in einer gemeinsamen Besprechung die Leistungsbeurteilung erarbeite. Dabei wird offen über das Maß der Zusammenarbeit zur Erreichung der persönlichen Ziele diskutiert.
4) indem ich sie in periodischen Gesprächen über die Beurteilung ihrer Leistung informiere. Ich ermuntere meine Mitarbeiter, mir klärende Fragen zu stellen, um eine Diskussion über ihre weiteren Entwicklungsmöglichkeiten führen zu können.
5) möglichst nicht, es sei denn, dies ist notwendig, weil es Vorschrift ist.

2. Wenn ich Fehlleistungen meiner Mitarbeiter feststelle, werde ich

□	□	□	□	□
1	2	3	4	5

1) nach Prüfung der Fakten entscheiden, welche disziplinarischen Maßnahmen ich treffe.
2) Fehlerursachen analysieren und für Abstellung sorgen, damit gleichartige Fehler künftig vermieden werden. Alle Beteiligten sollen aus diesen Fehlern lernen.
3) bemüht sein, das Selbstvertrauen und die Arbeitsmoral der Mitarbeiter mit den erforderlichen Maßnahmen nicht zu schädigen.
4) nach Beurteilung der Fakten disziplinarische Maßnahmen ergreifen. Zusätzlich zeige ich jedoch auf, wie sie aus ihren Fehlern lernen können.
5) mich nur bei solchen Fehlern einschalten, bei denen ich damit rechnen muß, daß meine Vorgesetzten davon Kenntnis erhalten.

c) Auswertung des Führungstests

1) Addieren Sie die in den einzelnen Führungskomplexen eingetragenen Punktwerte
zum Beispiel:

	1)	2)	3)	4)	5)
	5	3	2	4	1
+	1	2	5	3	4
=	6	5	7	7	5

2) Die ermittelten Zwischensummen aller Führungskomplexe addieren Sie zu einer Gesamtsumme

	1)	2)	3)	4)	5)
	6	5	7	7	5
	2	10	7	6	5
	5	9	3	4	9
	5	4	9	5	7
Summe	18	28	26	22	26

3. Tragen Sie nun von allen Komplexen der Führungsfunktionen – Führungsgrundhaltung bis Leistungsbeurteilung – die Gesamtsummen der Lösungen Fallziffern 1 bis 5 in die Graphik (Abbildung 22, S. 140) ein. Das geschieht derart, daß der Wert der jeweiligen Zahl über der Abszisse, in Höhe des entsprechenden Punktwertes markiert wird. Wenn Sie nun die Punkte miteinander verbinden, entsteht eine Linie, die der Ideallinie mehr oder weniger nahe liegt.

Würde die Linie Ihrer persönlichen Lösung dieses Tests der Ideallinie sehr nahe liegen, entspräche Ihr Führungsverhalten der Idealvorstellung, wie sie als „kooperativ führender Vorgesetzter“ auf den Seiten 128 und 129 vorgestellt ist.

In der Toleranzspanne liegen Sie noch mit einer Abweichung von ±4. Wenn Ihr Ergebnis unterhalb oder oberhalb der Toleranzspanne liegt, messen Sie dem jeweiligen Kriterium bei Ihrem Führungsverhalten zu wenig oder zu viel Bedeutung zu.

Abbildung 22:

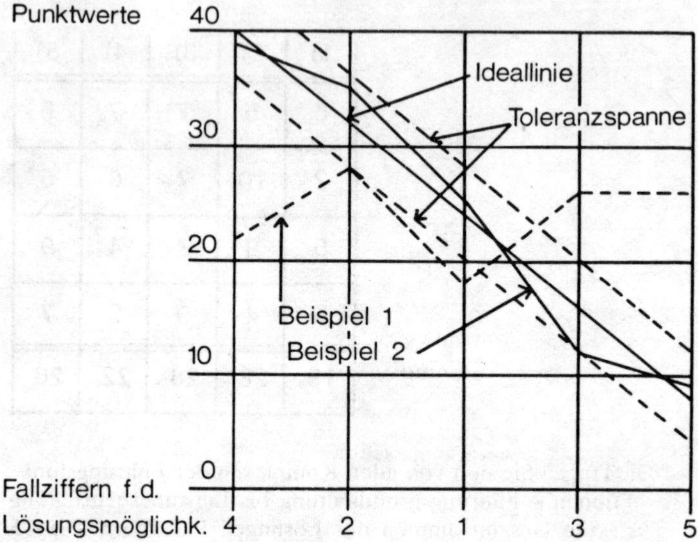

4. Als Beispiel haben wir das aus dem in c) (S. 138 f.) 1 und 2 aufgezeigten Lösungsweg resultierende Ergebnis und ein der Idealvorstellung nahekommendes Beispiel in die Graphik (Abbildung 22) eingezeichnet.

1)	2)	3)	4)	5)
18	28	26	22	26
25	35	12	39	9

Diese Testergebnisse werden anschließend kommentiert:

Zu 1 – Hier zeigt sich im Sinne der hier vorgestellten Führungsgrundsätze ein nicht genügend konsequentes Führungsverhalten.

Wer eine ähnliche Kurve erreicht, berücksichtigt zu wenig die wirtschaftlichen Gesichtspunkte, auf die ein Unternehmen nicht verzichten kann. Er gibt den Mitarbeitern oft einen so großen Spielraum, daß sie zu wenig Ziele erkennen können (starke Überbewertung von 3 und 5) und bewertet die notwendige Leistung zu wenig (Unterbewertung von 4 und 2). Um im Sinne unserer Führungskonzeption zu wirken, müßten die Ziele des Unternehmens und die Ziele der Mitarbeiter besser in Einklang gebracht werden. Es sollten also die berechtigten Forderungen, die sich durch die Zielsetzung des Unternehmens stellen, genauso berücksichtigt werden wie die der Mitarbeiter. Manchmal rührt ein derartiges Führungsverhalten auch daher, daß keine klaren Kompetenzen geschaffen sind und die Mitarbeiter über auftretende Mängel kaum informiert werden.

Zu 2 – Wenn Sie eine ähnliche Zahlenreihe erreichen, zeigen Sie deutlich ein kooperatives Verhalten. Sie liegen mit allen Werten innerhalb der Toleranzspanne. Vielleicht neigen Sie noch ein wenig zu einer zu schnellen Kompromißbereitschaft. Dies zeigt sich in der geringfügigen Überbewertung von 2.

Zum Vergleich der Testergebnisse mit dem in Abschnitt a) aufgeführten Führungsverhalten der Vorgesetzten, Fälle A bis E und dem Schaubild 21 auf S. 130, muß eine Umsetzung der hier verwendeten Ziffern in die entsprechenden Buchstaben erfolgen:

	4	2	1	3	5
=	A	B	C	D	E

Es ist nicht so sehr wichtig, daß Sie mit jeder Antwort idealtypisch liegen, sondern daß Sie mit dem Durchschnitt Ihrer Antworten dem eigentlichen Ziel nahe kommen. So können Sie sicher sein, daß Sie in den Augen

Ihrer Mitarbeiter und Vorgesetzten einen richtigen Führungsstil praktizieren, der ihre Erfolge in der Leistung Ihres Arbeitsbereiches zeigen wird. Doch das ist nicht alles: Eine Führungskraft, die auch in den nächsten Jahren bestehen will, muß neben der Kenntnis der richtigen Führung und Führungstechniken aus eigenem Antrieb tätig werden, Entscheidungen treffen wollen und hinnehmen können sowie Lauterkeit besitzen.

Kapitel XIV

Weibliche Arbeitnehmer

„Eine Frau muß zweimal so gut sein wie ein Mann, um es halb so weit zu bringen."

Fanny Hurst

Frauen spielen im Arbeitsleben eine wichtige Rolle: Nach Angaben des Instituts der Deutschen Wirtschaft sind mehr als ein Drittel der Arbeitnehmer (36 %) und etwa ein Fünftel der Selbständigen Frauen. 1978 waren 49 % aller Frauen, das sind etwa 10 Millionen Personen, erwerbstätig[24]. Aus diesen Zahlen wird die wirtschaftliche und gesellschaftliche Bedeutung der weiblichen Arbeitnehmer deutlich. Sie lassen aber auch ansatzweise die Belastungen erkennen, denen die Frauen – häufig im Wechsel zwischen privaten und beruflichen Anforderungen – ausgesetzt sind. Sie geben außerdem einen Hinweis darauf, daß sich Vorgesetzte und Personalleiter mit der Frau als Mitarbeiterin im Betrieb verstärkt auseinandersetzen müssen.

Die Anzahl der beschäftigten Frauen ist in den letzten Jahren etwa gleich geblieben.

Geändert hat sich aber die Zusammensetzung dieser Arbeitnehmergruppe[25]:

- Das Ausbildungsniveau, insbesondere der jüngeren Jahrgänge, ist ständig gestiegen. Mittlerweile verfügt die Hälfte aller Frauen unter 35 Jahren über eine abgeschlossene betriebliche oder schulische Berufsausbildung.
- Verheiratete Frauen üben häufiger als früher einen Beruf aus. Über die Hälfte der berufstätigen verheirateten Frauen arbeitet drei und mehr Jahre über die Eheschließung hinaus. Die

[24] Vgl. Stellungnahme der BDA zu aktuellen Frauen- und Familienfragen, Köln 1980.

[25] Vgl. Die Mitarbeiterin im Betrieb, Arbeitsberichte des Ausschusses für Soziale Betriebsgestaltung der BDA Nr. 39.

Zahl der berufstätigen Frauen mit Kindern nimmt zu. Auch die steigende Zahl der Teilzeitarbeiterinnen ist hierdurch bedingt.

Diese Veränderungen sind noch nicht abgeschlossen. Vielmehr ist damit zu rechnen, daß sich die Frauen weitere berufliche Tätigkeitsgebiete erschließen werden. Die betriebliche Praxis muß sich auf diese Entwicklungen rechtzeitig einstellen. Vor allem ist zu erwarten, daß das Tätigkeitsniveau der weiblichen Angestellten weiter ansteigt und sich Frauen zunehmend für Berufe interessieren, die vorwiegend von Männern ausgeübt werden. So ist die starke Zunahme der Beschäftigung von Frauen im Handwerk bemerkenswert.

a) Fähigkeiten und Einstellung zur Arbeit

Berufstätige Frauen sind auch in unserer Zeit noch zahlreichen Vorurteilen ausgesetzt. In einer Veröffentlichung aus dem Jahre 1980 findet sich die Aussage, Frauen hätten eine ausgesprochene Abneigung gegen Veränderungen und das Eingehen von Risiken. Am Arbeitsplatz suchen sie „vielleicht unbewußt, nach Geborgenheit. Diesem meist unausgesprochenen Verlangen läßt sich in den meisten Fällen mit wenig Aufwand entsprechen. Einige gute Bilder, dekorative Zierpflanzen, ein farbenfroher Tischbelag oder Raumanstrich, eine anheimelnde, jedoch zweckmäßige Beleuchtung, gute Sitzgelegenheiten und ein Platz, wo die persönlichen Dinge abgelegt werden können, ergeben bald ein Gefühl der Wohnlichkeit"[26].

Bei dieser Betrachtung stand offensichtlich das Heimchen am Herd noch Pate, das seine Wohnzimmer-Einrichtung in den Maschinensaal mitnehmen möchte. Natürlich sind dererlei Erscheinungsformen, z. B. der Blumentopf an der Packmaschine, gerade bei monotonen und repetitiven Produktionsprozessen, durchaus anzutreffen. Die verbreitete Diskussion von Fragen der Arbeitsplatzgestaltung und der Arbeitswissenschaften, von den Gewerkschaften mit dem Schlagwort von der „Humanisierung

---

[26] *Riggenbach, E.*: Die Frau empfindet ihre Arbeit anders, Management-Zeitschrift io 1980, S. 196.

der Arbeit" aufgegriffen, zeigt jedoch, daß letztlich alle Arbeitnehmer mehr wünschen als nur eine sachlich-zweckmäßig gestaltete Umgebung.

Verschiedene wissenschaftliche Untersuchungen haben statt dessen ergeben, daß bei allen vererbungsbedingten Ungleichheiten der Menschen zwischen Frauen und Männern keine Intelligenzunterschiede bestehen. Auch sind stets Erziehungseinflüsse zu berücksichtigen, wenn Frauen eine größere Auffassungsgeschwindigkeit und bessere sprachliche Fähigkeiten, Männern dagegen ein größeres abstraktes Denkvermögen und bessere mathematische Fähigkeiten nachgesagt werden[27].

Unterschiede ergeben sich im Hinblick auf die physische Leistungsfähigkeit. Während Männer mit Ausnahme der in Witzzeichnungen dargestellten Figuren in der Regel eher zu schwerer körperlicher Arbeit fähig sind, ermüden Frauen schneller. Für viele Tätigkeiten sind Frauen wiederum eher geeignet, weil sie über eine größere Geschicklichkeit und Wendigkeit verfügen.

Die körperlichen Unterschiede sind beträchtlich, denn Frauen sind im Durchschnitt ungefähr 13 cm kleiner als Männer; ihre Arme und Beine sind um 10 % kürzer. Die Armbewegungen laufen anders ab als beim Mann. Die Sauerstoffversorgung der Muskulatur ist bei der Frau schlechter, die Blutmenge im Verhältnis zum Körpergewicht ist geringer, das Blut hat um 30 % weniger rote Blutkörperchen, die Träger des Sauerstoffs sind. Außerdem ist die Sauerstoffaufnahme durch die kleineren Lungen um etwa 20 % geringer.

Die Reaktionszeit der Frau ist unter Schreckbelastung länger als die des Mannes. Die Muskelkraft der Frau beträgt im Durchschnitt nur zwei Drittel der des Mannes. Auch die Trainierbarkeit der Muskulatur ist bei Frauen etwa 30 % geringer als bei Männern. Durch Muskeltraining vergrößert sich also der Kraftunterschied zwischen Mann und Frau noch weiter. Die Leistung der Frau unterliegt starken biologischen Schwankungen; sie hängt sowohl hinsichtlich der Kraft als auch der Geschicklichkeit stark vom Menstruationszyklus ab.

---

[27] Vgl. z. B. *Lehr, U.*: Die Frau im Beruf, Frankfurt (Main) und Bonn 1969.

Vor allem haben die Frauen eine um 3 Jahre größere Lebenserwartung, was unsere gesamte Rentenordnung in einem anderen Licht erscheinen läßt.

Aus diesen Unterschieden folgt, daß Frauen für Tätigkeiten wie z. B. das Heben schwerer Lasten nur bedingt geeignet sind, ihre berufliche Einsatz- und Leistungsfähigkeit jedoch grundsätzlich nicht eingeschränkt ist. Außerdem ist anzunehmen, daß mit fortschreitender Technisierung die erwähnten Beschränkungen allmählich an Bedeutung verlieren.

Mit der verbesserten Ausbildung und der zunehmenden Erweiterung der beruflichen Einsatz- und Leistungsfähigkeit weiblicher Arbeitnehmer zeichnet sich ein Wandel in der Einstellung zur Berufstätigkeit ab. Von der Berufsausübung wird nicht nur die wirtschaftliche Existenzsicherung erwartet, sondern auch eine größere geistige Selbständigkeit und finanzielle Unabhängigkeit sowie mehr Anerkennung. Damit sind zwischen den wichtigsten Bedürfnissen weiblicher und männlicher Arbeitnehmer keine wesentlichen Unterschiede mehr festzustellen.

Gleichwohl ist nicht zu verkennen, daß Heirat, Mutterschaft und Kindererziehung wichtige Lebensvorstellungen bleiben, die mit den beruflichen Zielen in vielen Fällen nicht hinreichend in Einklang gebracht werden können.

Zwar zeichnet sich allmählich im gesellschaftlichen Bereich ein Wandel im geschlechtsspezifischen Rollenverständnis ab. Nach wie vor herrscht jedoch das familienbezogene Leitbild der Frau vor. Die Betreuung der Kinder liegt fast ausschließlich in den Händen von Frauen. Hierdurch geraten sie in schwierige Doppelbelastungen, aus denen ihnen auch in absehbarer Zeit kein „Hausmann" heraushelfen wird. Dies hat wiederum zur Folge, daß die berufliche Weiterentwicklung oftmals auf der Strecke bleibt. Vom Grundsatz ist es daher richtig, wenn von den Parteien eine Berücksichtigung der Jahre der Kindererziehung bei der Berechnung der Altersrente geplant wird. Allerdings ist die Finanzierung nicht einfach.

Sicherlich gibt es auch heute noch viele Vorurteile gegenüber berufstätigen Frauen, erst recht wenn sie schulpflichtige Kinder haben. Es ist bestimmt kein Zufall, daß es nur sehr selten weibliche Führungskräfte gibt und die wenigen, die es „geschafft“ haben, bis jetzt noch in der Mehrzahl unverheiratet oder geschieden sind. Die geringe Repräsentanz von Frauen in den Führungsbereichen gilt nicht nur für Unternehmen, sie gilt auch für Behörden, Parteien und Verbände und nicht zuletzt für die Gewerkschaften, die sich selbst gern als Vorreiter für die volle Gleichberechtigung von Mann und Frau in der Gesellschaft betrachten[28].

Die Wesensart der Frau spielt dabei eine große Rolle. Eine objektive Psychologie der Geschlechter gibt es nicht. Das gilt insbesondere für die Psychologie der Begabung und Leistung, wenn auch hier Veränderungen spürbar sind.

„Im Grunde läuft es“, nach Kroeber-Keneth[29], „darauf hinaus, daß die Begabungsunterschiede zwischen dem männlichen und weiblichen Geschlecht an sich gar nicht so groß, sondern durch die Interessenrichtung bedingt sind.

Wichtig für das Arbeitsleben sind einige unstreitige Begabungsvorsprünge der Frau: In der Einschätzung von Menschen ist sie wesentlich instinktsicherer als der Mann, was namentlich für die Büroberufe von Wichtigkeit ist. Zum zweiten sind Frauen den Männern hinsichtlich der Treue und des Umfanges des Gedächtnisses überlegen; und drittens fällt der Frau generell jede ‚Einfühlung‘ leichter, sowohl in rhythmische Arbeitsabläufe wie in personelle Gruppengebilde.
Mit dieser besseren Einfühlungsgabe hängt auch das geringere Monotonie-Empfinden der Frau zusammen. Hinzu treten selbstverständlich noch die Besonderheiten der weiblichen Arbeitshand.

Die Frau erlebt mehr durch ihre unmittelbare Einfühlung, durch ihre direkte und spontane Teilnahme; der Mann mehr über das Relais der Beobachtung und Begriffsbildung. Das Interesse des Mannes gilt vorzugsweise der Ordnung der Dinge und der Ge-

---

[28] Vgl. *Wex, H./Kollenberg, U.*: Frau und Industriegesellschaft, Köln 1979.

[29] *Kroeber-Keneth, L.*: Frauen im Betrieb, Management-Enzyklopädie, München 1975.

staltung der Verhältnisse, das der Frau dem Leben, den Lebewesen und Lebenszuständen. Der Mann denkt – wenigstens angeblich – vorzugsweise in den Formen der Sachlogik, die Frau vermittels der ‚logique du cœur'. Die Geschlechts- und Lebensrolle des Mannes ist zeugend, wirkend, schöpferisch, aber auch kämpferisch und endlich zerstörend; die der Frau erhaltend, ewig das Leben reproduzierend und pflegerisch. Wo schöpferisch wirkende Frauen in unser Blickfeld treten, ist der Einschlag männlicher Züge unverkennbar. Da der Geschlechtsunterschied ein ‚allgegenwärtiger' ist, strahlt er auch tief in die Arbeitsbezogenheit hinein. Schon aus diesem Grund sind die Arbeitsrollen von Mann und Frau nur begrenzt vertauschbar.

Frauen wollen im Betrieb zusammen sein. In der Gemeinschaft ertragen sie Arbeit und Arbeitserschwernisse leichter. Ausnahmen davon sind selten. Meist handelt es sich dann um alternde, bitter gewordene Frauen. Praktische Versuche im Betrieb haben ergeben, daß bei einfachen Montagearbeiten die Leistungen stiegen und die Fehlzeiten sanken, nachdem eine andere Sitzweise am Fließband den Frauen die Kontaktaufnahme und Unterhaltung erleichterte.

Das Mitteilungsbedürfnis ist bei der Frau stärker ausgeprägt als beim Mann. Erst durch das Sich-Mitteilen wird das Zusammensein vollzogen. Daher spielt das Gespräch für die Frau eine andere Rolle als für den Mann, was für das Verständnis der arbeitenden Frau von Wichtigkeit ist."

b) Führungsfragen

Bei der Beschäftigung weiblicher Arbeitnehmer muß in Deutschland eine Vielzahl von Arbeitsschutzbestimmungen beachtet werden. Hierbei ist zu bedenken, ob einige Bestimmungen gerade angesichts der zunehmenden Einsatzmöglichkeiten von Frauen nicht die Wettbewerbsfähigkeit auf dem Arbeitsmarkt hemmen und deshalb nicht mehr zeitgemäß sind.

Folgende Vorschriften sind im wesentlichen zu beachten:

– Beschäftigungsverbote bzw. -einschränkungen

  Sie gelten z. B. für die Beschäftigung von Frauen in Bergwerken und Salinen, in Kokereien und im Baugewerbe, für Abbruch- und Abwrackarbeiten, Arbeiten mit Säuren, offenen radioaktiven Stoffen, an Tabakschneidemaschinen, Arbeiten, bei denen schwere Lasten gehoben werden müssen.

– Arbeitsschutz

  Hier handelt es sich um kürzere Höchstarbeitszeiten und längere Ruhepausen im Vergleich zu den männlichen Kollegen sowie um das Verbot der Nachtarbeit bzw. Sonn- und Feiertagsarbeit.

– Mutterschutz

  Insbes. Beschäftigungsverbote vor und nach der Entbindung, Stillpausen und Kündigungsschutz.

Die Einhaltung dieser Vorschriften setzt organisatorische Vorkehrungen und Maßnahmen voraus, die in vielen Fällen die Personalkosten beeinflussen. Deshalb haben übertriebene, wenn auch gut gemeinte Vorschriften die fatale Konsequenz, daß Nebenwirkungen entstehen, die für die vorgeblich zu schützende Personengruppe nachteilig sind. Insofern kann die Beschäftigung von Frauen durch eine Lockerung überholter Vorschriften nur erleichtert und Vorurteilen vieler Vorgesetzter gegenüber den zu „teuren“ Frauen entgegengewirkt werden.

Die Behauptung, Frauen hätten generell höhere Fehlzeiten wegen Krankheit als die Männer, konnte in dieser pauschalen Form bislang noch nicht bestätigt werden. Hierbei gibt es von Branche zu Branche beträchtliche Unterschiede. Allerdings treten bei Frauen häufiger Kurzerkrankungen auf, die keiner ärztlichen Arbeitsunfähigkeitsbescheinigung bedürfen. Insbesondere ist es auf familiäre Gründe zurückzuführen, daß verheiratete Frauen häufiger fehlen als ledige und die Fehlzeiten mit steigender Kinderzahl ebenfalls zunehmen. Mit höherer beruflicher Qualifikation nehmen die Fehlzeiten jedoch ab. Dies ist sicherlich einmal durch den mit der Qualifikation verbundenen größeren Entfaltungsspielraum bedingt, durch den das Interesse an der Arbeit steigt. Außerdem besteht bei einem höheren Einkommensniveau eher die Möglichkeit, daß die Kinder von einer Haushälterin versorgt werden können.

Es sprechen also keine wesentlichen Gründe dagegen, daß Vorgesetzte nicht nur mit männlichen, sondern auch mit weiblichen Mitarbeitern zusammenarbeiten. Viele Führungskräfte scheinen jedoch auch heute noch nur widerwillig zu akzeptieren, daß auch Frauen „ihren Mann stehen" können.

Allerdings sollten Vorgesetzte berücksichtigen, daß Frauen mehr Wert auf eine persönliche Führung legen. In diesem Falle sind sie eher bereit, auch außergewöhnliche Belastungen auf sich zu nehmen. Was beim Führen von Frauen besonders bei einfacheren Tätigkeiten zu beachten ist, hat u. a. Pfützner zusammengestellt[30]:

Um so stärker sind die Vorbehalte gegen weibliche Vorgesetzte. Oft wird ihnen unterstellt, sie verfügten nicht über die notwendige Härte oder sie hätten zu wenig Selbstbewußtsein. Diese Schwächen gelten aber auch für viele männliche Führungsaspiranten, so daß sich die Frage aufdrängt, ob nicht mit dem Argument „Frau" wenigstens diese Konkurrenz beim Wettbewerb um bestimmte Positionen ausgeschaltet werden soll[31]. Andererseits ist jedoch festzustellen, daß in den letzten Jahren die Zahl der weiblichen Führungskräfte zugenommen hat. Dies gilt z. B. für Public-Relations-Abteilungen, den Bereich Aus- und Weiterbildung sowie für Unternehmensberatungen.

Die Frau als Vorgesetzte ist auch heute nicht mehr wegzudenken. Am häufigsten nimmt sie in Betrieben mit fast ausschließlich weiblicher Belegschaft die Stellung einer Unterweiserin unter einem männlichen Meister ein. In dieser Zwischenposition hat sie bestimmt große Vorzüge, schon weil sie nach allgemeinem Urteil strenger und genauer ist als der Mann.

---

[30] *Pfützner, R.*, Kooperativ führen, S. 134 f., München 1979.

[31] Ist Führung ein männliches Privileg, in: Blick durch die Wirtschaft, 20. 02. 80.

Bei der Einführung
Verwenden Sie besondere Sorgfalt bei der Einfügung von Frauen in die Arbeitsgruppen; damit nehmen Sie Rücksicht auf ihr Bedürfnis nach guten mitmenschlichen Beziehungen. Nehmen Sie die Befangenheit vor der Technik, erklären Sie den Zusammenhang.

Persönlicher Appell!
Vergessen Sie nicht: Ein persönlicher Appell an die Frau ist oft weit wirksamer als ein Pochen auf sachliche Einsicht, denn Frauen sind oft dazu erzogen worden, die Dinge im persönlichen Bezug zu sehen.

Rücksicht auf das Befinden
Berücksichtigen Sie die Schwankungen in der Stimmung und im Befinden der Frau, denn eine Frau kann auch im Betrieb ihre besondere Konstitution nicht ablegen.

Höflichkeit
Seien Sie höflich und freundlich, ohne die notwendige Distanz zu verlieren, denn weder durch plumpe Vertraulichkeit noch durch barsches Benehmen können Sie bei Frauen Autorität gewinnen.

Eindruck der Bevorzugung vermeiden
Vermeiden Sie jeden Eindruck der Bevorzugung oder Benachteiligung einzelner, denn auch Frauen reagieren darauf besonders empfindlich.

Mehr loben als kritisieren
Seien Sie sparsam mit Kritik, und kritisieren Sie vor allem sachlich. Vermeiden Sie jede Bloßstellung einer Mitarbeiterin.

Angst vor Veränderungen nehmen
Frauen reagieren, wegen ihrer geringeren beruflichen Erfahrungen, darauf vielfach empfindlicher als Männer. Oft geht eine Umstellung schrittweise leichter und besser als auf einem Schlag, auch wenn das umständlich erscheint.

Gruppen überschaubar halten
Lieber Untergruppen bilden. Bei mehr als 8-10 Frauen verliert sich das Gefühl, gebraucht zu werden.

Der richtige Ton
Frauen hören – weil sie stärker personbezogen erzogen wurden – auch aus sachlichen Anweisungen Sympathie oder Antipathie heraus; rasch fühlen Sie sich benachteiligt.

Nach einer amerikanischen Quelle gab von 521 Frauen, die unter männlichen und weiblichen Vorgesetzten gearbeitet hatten, nur eine einzige einem weiblichen Chef den Vorzug, während alle übrigen nachdrücklich Männer als Chef bevorzugten. Damit korrespondiert die Tatsache, daß die Zahl der in der Industrie beschäftigten Frauen im Steigen ist, während die Zahl der weiblichen Vorgesetzten eher sinkt.

Für die Qualifikation zur Vorgesetzten entscheidet bei der Frau noch mehr als beim Mann die menschliche Sicherheit, die aber bei der Frau noch seltener ist. Allgemein jedoch überwiegt die Auffassung, daß der ältere Mann als Vorgesetzter von Frauen „am erfolgreichsten" ist, d. h. die geringsten Schwierigkeiten hat. Die Ausstrahlung des väterlichen Mannes entspricht am ehesten dem Schutzbedürfnis der jungen Frau und bildet zugleich die beste Ergänzung für die arbeitende Frau.

Eigenartigerweise ist die Frau auch in Betriebsräten und anderen Arbeitnehmerfunktionen unterrepräsentiert.

c) Personalarbeit für Frauen

Wichtiger personalpolitischer Grundsatz ist die Gleichbehandlung von Männern und Frauen am Arbeitsplatz. Dies gilt insbesondere für den Grundsatz der Lohngleichheit von Mann und Frau, d. h. für gleiche und gleichwertige Arbeit. In einem Bericht der Bundesregierung wurde 1977 festgestellt, daß es seit mehr als vier Jahren in den Tarifverträgen keine besonderen Frauenlohngruppen mehr gibt. Statt dessen konzentriert sich das tarifpolitische Problem des gleichen Lohnes auf die Frage, „ob die Eingruppierungsmerkmale, die die Tarifvertragsparteien bei der Bestimmung der Gleichwertigkeit verschiedenartiger Arbeit von Männern und Frauen anwenden, frei von jeder Diskriminierung aufgrund des Geschlechts und für die betriebliche Eingruppierung ausreichend sind"[32]. Dabei geht die Bundesregierung davon aus, daß die Tarifvertragsparteien „in den näch-

[32] Bundestagsdrucksache 8/547, S. 1.

sten Jahren intensive Anstrengungen unternehmen werden, um insbesondere in Bereichen mit Leichtlohngruppen künftig bessere Lösungen zu finden. Dies erfordert allerdings eine enge Zusammenarbeit mit Arbeitswissenschaftlern und -medizinern. Vor allem ist genauer zu untersuchen, inwiefern menschliche Tätigkeiten als leicht oder schwer bzw. als einfach oder schwierig eingestuft werden können. Untersuchungen der Prof. Rohmert und Rutenfranz haben z. B. ergeben, daß folgende Tätigkeiten bei weiblich besetzten Arbeitsplätzen von der Belastung her als hoch eingestuft werden:

- einseitig dynamische Muskelarbeit
- sorgfältiges Bewegen der Finger
- Erkennen von Oberflächenstrukturen
- Prüftätigkeiten
- repetitive oder taktgebundene Arbeit

Bei von Männern besetzten Arbeitsplätzen gelten folgende Belastungen als hoch:

- Schwere der körperlichen Arbeit
- Kombinieren und Analyse von Informationen
- Niveau der zu treffenden Entscheidungen
- Dauer der arbeitsbezogenen Ausbildung

sowie

- allgemeine physikalische und chemische Umgebungseinflüsse.

Belastung durch einseitig dynamische Muskelarbeit und sorgfältiges Bewegen der Finger wird bei Männern niedrig, bei Frauen dagegen hoch bewertet.

Arbeitsplätze, die sowohl von Männern als auch von Frauen besetzt sind, nehmen im allgemeinen eine Zwischenstellung ein.

Fraglich ist, ob branchenübergreifende Bewertungsmaßstäbe sinnvoll und praktikabel sind, um ungleiche Bewertungskriterien zu beseitigen. Zweckmäßiger ist es statt dessen, wenn die Tarifvertragsparteien die arbeitswissenschaftlichen Forschungsergebnisse als Grundlage für zuverlässigere Arbeitsplatzanalysen und eine gerechtere Anforderungsermittlung ansehen. Meines Erachtens sind hierdurch flexiblere und branchen- bzw. unternehmensbezogenere Lösungen möglich. Dagegen ist zu befürchten, daß gesetzliche Regelungen zu einer verstärkten Bürokratisierung führen und das Ziel, die Beschäftigungsmöglichkeiten und -bedingungen für Frauen zu verbessern, verfehlt wird. Dies gilt nicht zuletzt für die Gleichbehandlung von Männern und Frauen am Arbeitsplatz in Anwendung der Bestimmungen des Artikels 119 des EWG-Vertrages. Das erklärte Ziel des Gesetzes über die Gleichbehandlung vom 13. 08. 1980 (BGBl. I 1980, S. 1308, 1309) besteht darin, den Gleichbehandlungsgrundsatz zu verdeutlichen und unabdingbar auf sämtliche Vereinbarungen und Maßnahmen des Arbeitgebers im Arbeitsverhältnis zu erstrecken.

Deshalb erfaßt das im neuen § 611a BGB enthaltene Verbot, einen Arbeitnehmer wegen seines Geschlechts zu benachteiligen, das gesamte Arbeitsverhältnis in tatsächlicher und rechtlicher Hinsicht. Es gilt insbesondere für die Einstellung, die Beförderung und die Kündigung eines Arbeitnehmers. Das Gesetz läßt nur eine einzige Ausnahme vom Gleichbehandlungsgebot zu, nämlich die, daß das Geschlecht unverzichtbare Voraussetzung für die Tätigkeit ist. Deshalb wäre es kein Verstoß gegen das Gleichbehandlungsgebot, wenn einem männlichen Schauspieler die Übernahme einer Frauenrolle verwehrt würde. Umgekehrt kann eine Frau nicht zur Nachtarbeit zugelassen werden, weil kraft gesetzlicher Bestimmung Nachtarbeit grundsätzlich nur von Männern geleistet werden darf. Andere Sachgründe, wie etwa verkaufs-, fertigungs- oder produktionstechnische Gesichtspunkte, ziehen dagegen nicht. Argumente wie: „Männer kommen als Vertreter besser an“ oder „Frauen sind an diesen Maschinen geschickter“, reichen zur Rechtfertigung einer Ausnahme nicht aus.

Damit schon im Vorfeld der personellen Entscheidung das Gleichbehandlungsgebot beachtet wird, richtet das Gesetz mit seinem § 611b BGB den Appell an alle Arbeitgeber, einen Arbeitsplatz weder öffentlich noch innerhalb des Betriebes nur für Männer oder nur für Frauen auszuschreiben. Nicht erforderlich ist, in jeder Anzeige neben der Stellenbezeichnung in der herkömmlichen Form auch noch das auf das jeweils andere Geschlecht bezogene Prädikat hinzuzufügen. Suchen wir einen

Schlosser, so müssen wir nicht auch ausdrücklich noch nach einer „Schlosserin“ annoncieren. Es genügt, wenn aus dem Gesamtbild des Textes hervorgeht, daß auch Frauen als Bewerber genehm sind.

Das Gleichbehandlungsgesetz bringt nichts grundlegend Neues; denn die Gleichberechtigung von Frauen und Männern ist anerkanntes Verfassungsrecht, und die Arbeitsgerichte haben diesen Grundsatz in der Vergangenheit mehr und mehr mit praktischem Gehalt erfüllt. Immerhin hebt es den Stellenwert der Gleichbehandlung erneut ins Bewußtsein und erhöht damit zugleich ihre Bedeutung für die Personalführung.

Neben der Gleichbehandlung von Männern und Frauen ist es eine wichtige Aufgabe der betrieblichen Personalpolitik, die spezifischen Probleme zu berücksichtigen, die ihr Arbeitsverhältnis und ihr Arbeitsverhalten belasten können. Hier geht es im Rahmen des betrieblich zu Vertretenden insbesondere darum, die Besonderheiten der Frauenarbeit bei der Gestaltung der Arbeitsbedingungen zu berücksichtigen, dabei die Doppelbelastung der berufstätigen Ehefrauen und Mütter zu verringern und somit das Interesse der Frauen an ihrer beruflichen Arbeit zu fördern.

Grundsätzlich muß der Arbeitsplatz der Konstitution der Frau angepaßt sein. Moderne arbeitswissenschaftliche Erkenntnisse bezüglich Arbeitsstrukturierung und Arbeitsorganisation gelten für Frauen ebenso wie für Männer.

Variable Arbeitszeitregelungen sind geeignet, der Doppelbelastung durch Familie und Beruf entgegenzuwirken. Auch Teilzeitarbeit kommt in Betracht. Sie ist allerdings in manchen Bereichen nur begrenzt möglich. Die Wirtschaft hat in den letzten 1 1/2 Jahrzehnten das Angebot an Teilzeitarbeit vor allem für Frauen beträchtlich ausgedehnt. 1978 arbeiteten 31% der weiblichen Erwerbstätigen weniger als 40 Stunden in der Woche gegenüber 13% im Jahr 1960. Es ist damit zu rechnen, daß die Nachfrage nach Teilzeitarbeit in den nächsten Jahren weiter steigen wird. Die Betriebe sollten daher bestrebt sein, das Angebot an Teilzeitarbeitsplätzen soweit wie möglich zu erhöhen.

Damit würden sie zugleich einen nicht unbedeutenden familienpolitischen Beitrag leisten; denn Teilzeitarbeit ermöglicht es den Frauen, familiäre und berufliche Aufgaben besser in Einklang zu bringen. Die betrieblichen Möglichkeiten und Vorteile der Teilzeitarbeit werden oft noch unterschätzt, wie überhaupt der Spielraum für diese Beschäftigungsform in der Wirtschaft insgesamt als noch nicht ausgeschöpft gelten kann. Dabei wird es verstärkt darauf ankommen, auch qualifizierte Teilzeitarbeitsplätze anzubieten.

Eine wesentliche Voraussetzung weiterer Beschäftigungsmöglichkeiten für Teilzeitarbeitsuchende ist aber auch eine größere Flexibilität auf Arbeitnehmerseite hinsichtlich Dauer und Lage der Arbeitszeit. Das bisher vorhandene einseitige Interesse an einer Nur-Vormittagsarbeit muß durch die Bereitschaft abgelöst werden, auch zu anderen Tageszeiten zu arbeiten oder auch Halbwochen- oder Halbmonatsarbeit zu leisten. Auch die Betriebe können durch geeignete Arbeitszeitangebote ein flexibleres Verhalten auf Arbeitnehmerseite auslösen.

In das Arbeitskräfteangebot auf dem Teilzeitarbeitsmarkt mehr Flexibilität zu bringen, sollte auch Aufgabe der Arbeitsämter sein.

Zu den Möglichkeiten, die Arbeitsbedingungen an die besondere Situation der Frau mit Familienpflichten anzupassen, gehört die Regelung der Arbeitszeit. Hier ist vor allem die gleitende Arbeitszeit geeignet, die Anforderungen von Beruf und Familie besser in Übereinstimmung zu bringen; denn sie ermöglicht es der einzelnen Mitarbeiterin, in bestimmten Grenzen über Beginn und Ende ihrer täglichen Arbeitszeit zu entscheiden.

Manche Unternehmen verfügen über eigene Kindergärten oder Kindertagesstätten, die z. T. als Gemeinschaftseinrichtung mehrerer Betriebe geführt werden. Zur Pflege erkrankter Kinder beschäftigen einige Unternehmen Hauspflegerinnen. Auch gesetzliche und tarifliche Regelungen sind hier zu nennen.

Weitere Schwerpunkte der Personalarbeit bilden die arbeitsmedizinische Betreuung, die Förderung der Aus- und Weiterbildung und die Wiedereingliederung der Frau in die berufliche

Arbeit. Damit sollte die wachsende Bereitschaft vieler weiblicher Arbeitnehmer zu einer sinnvollen beruflichen Tätigkeit berücksichtigt und den Frauen mehr geboten werden als die Möglichkeit des Gelderwerbs. Insofern handelt es sich um Grundsätze, die gemäß dem Gleichheitsgrundsatz ebenso für Männer gelten.

Zusammenfassend läßt sich sagen, daß unter Beachtung der physischen und psychischen Gegebenheiten die Führung und der Arbeitseinsatz weiblicher Arbeitnehmer keine besonderen Schwierigkeiten aufweist. Das gilt auch für die Frau als Führungskraft.

Kapitel XV

Jugendliche

„Lang ist der Weg durch Lehren
kurz und wirksam durch Beispiele.“
Seneca

Die Jugendlichen spielen in der Gesellschaft, aber auch in den Betrieben eine so bedeutende Rolle, daß wir uns gesondert mit ihnen befassen wollen.

a) Auszubildende

Das Berufsbildungsgesetz (BBiG) bescherte uns 1969 die unschöne Bezeichnung „Auszubildender“. Der „Azubi“ ersetzte in der Industrie weitgehend den Lehrling, der „Ausbildende“ den Lehrherrn. Im Handwerk sind die überkommenen Begriffe noch gängig. Als Vorgesetzter werden Sie vor allem mit Auszubildenden in Berührung kommen, wenn es um jugendliche Arbeitnehmer geht. Junge Leute haben oft eine ganz andere Ansicht von der Arbeit als Berufserfahrene. Man darf sie deshalb nicht nur kritisieren, sondern sollte besser an die eigene Situation als Berufsanfänger zurückdenken. Denn jede Generation meint, die Begabungen und Voraussetzungen der nachfolgenden Generation seien schlechter, ohne an deren mangelnde Berufserfahrungen zu denken.

Klagen über das Verhalten Jugendlicher gab es schon in vergangenen Zeiten, z. B. im alten Ägypten: „Ich höre, daß du die Schriften verläßt und daß du dich dem Tanze widmest. Du ziehst von Schenke zu Schenke und Biergeruch begleitet jeden deiner Schritte . . . Du bist wie ein Tempel ohne Gott, wie ein Haus ohne Brot. Man sieht dich an den Mauern hintorkeln, die Menschen fliehen vor dir. Ach, könntest du erkennen, daß der Wein ein Greuel ist, könntest du den Becher vergessen[33]!“

[33] *Prause, G.*: Zu jeder Mahlzeit tranken die Ägypter Bier, Zeit Nr. 10 vom 29. 02. 1980.

Äußerungen wie diese belegen, daß das Verhältnis zwischen den Generationen nie frei von Spannungen gewesen ist. Nur sollte man hieraus nicht den Schluß ziehen, die heutigen Jugendprobleme unterschieden sich von den früheren nicht wesentlich und man könne zur Tagesordnung übergehen.

Heute werden die jungen Leute schon in der Schule aufgefordert, selbständig zu handeln und zu entscheiden. Das Kurssystem an den Gymnasien, Arbeitskreise und Gruppenarbeiten als Unterrichtsmittel zeigen diese Eigenständigkeit. Es entstehen mehr Rechte und damit aber auch mehr Pflichten für die Schüler, als es noch vor zehn Jahren der Fall war.

Wenn ein Auszubildender in den Betrieb kommt, weiß er meistens viel besser über seine Rechte Bescheid, als Sie es zu Ihrer Zeit wußten. Das Ausbildungsverhältnis im Industriebetrieb hat sich nicht nur sprachlich geändert, es verlangt auch mehr vom ausbildenden Vorgesetzten.

1. Situation der jungen Arbeitnehmer

Die Jugendlichen sind heute kritischer als früher und haben auch den Mut zur Kritik. Man sagt ihnen weniger Anpassung nach. Doch ist zu beobachten, daß aus Sorge um den Arbeitsplatz auch „Wohlverhalten“ gezeigt wird. Über die Hälfte der heute lebenden Einwohner der Bundesrepublik sind nach dem Krieg geboren. Ihnen erscheint vieles selbstverständlich, worum die Generation der älteren Erwachsenen hatte kämpfen müssen.

Eine Studie zur „Einstellung der jungen Generation zur Arbeitswelt und Wirtschaftsordnung“ (Hamburg, 1980) bestätigt diese Beobachtungen. Danach ziehen es immerhin 43% der befragten Jugendlichen vor, in Schule und Beruf nicht zu kritisieren, weil sie Nachteile befürchten. Allerdings ist eine Mehrheit von 54% vom Nutzen der freien Meinungsäußerung überzeugt. Nur noch 49% der Befragten wollen es weiterbringen als ihre Eltern, wohl eine Folge des gestiegenen Wohlstandes oder anderen Wertvorstellungen.

Die Jugendlichen kommen aus der Welt der Schule und des Elternhauses in den Betrieb. Hier lernen sie eine dritte Form des gesellschaftlichen Zusammenlebens kennen, die sie für ihr weiteres Leben prägen wird. Weder das Elternhaus noch die Schule bereiten sie auf diese Situation bewußt vor. Im Gegenteil: Jugendliche und Kinder werden von der Arbeitswelt der Erwachsenen ferngehalten.

Als ein Charakteristikum der heutigen Jugend stellen Psychologen heraus, daß die Familie nicht mehr in der Lage ist, die Kinder in die Welt der Erwachsenen zu integrieren. Oft ist das Verhältnis zu den Eltern gestört, weil die Erwerbstätigkeit der Mutter die Zeit, „in der das Kind Beziehungen zu einer von ihm geliebten erwachsenen Person erleben kann, auf eine oder wenige Stunden am Tag"[34] zusammenschrumpfen läßt. Weiterhin hat man beobachtet, daß Kinder und Jugendliche als Lebenspartner nicht ernstgenommen, ihre eigenständigen Persönlichkeiten nicht anerkannt werden. Die frühzeitige Verflechtung von theoretischer Ausbildung und Berufspraxis, in der sich Jugendliche in einer wirklichen Erwachsenenrolle bewähren und sich mit ihr identifizieren, könnte eine Lösung sein.

Der Jugendliche, der in den Betrieb kommt, hat auch Selbstfindungsschwierigkeiten wie alle Jugendlichen in diesem Alter. Deshalb ist er überkritisch, registriert genau, sucht die Wahrheit, ist selten zu Kompromissen bereit. Den Erfahrungen der Älteren steht er mit Skepsis gegenüber, weil sie ihm Autoritätsbeweise sind, die er nicht widerlegen kann. Der Jugendliche ist dafür oft flexibler, lernt schneller und läßt sich von guten Vorgesetzten begeistern.

2. Einstellung zur Arbeitswelt

Zur Berufsausbildung gehören nicht nur fachliche und pädagogische Hilfen; wichtig ist, daß der Jugendliche den Betrieb als ökonomisch ausgerichtetes Sozialgefüge begreift und die Funktion der Sozialpartner verstehen lernt. Dabei kommt dem Verständnis von Sinn und Wert des unternehmerischen Handelns ebenso Bedeutung zu, wie der Kenntnis der wichtigsten Bestimmungen des Betriebsverfassungsgesetzes.

---

[34] *Lempp, R.:* Die Kluft zwischen den Generationen wird größer, in „Die Zeit" Nr. 11 v. 07. 03. 1980, S. 16.

Für junge Menschen ist Arbeit zumeist kein Wert an sich. Manchen dient sie ausschließlich als Gelderwerbsquelle. Befragt, ob sie lieber in einem Betrieb arbeiten möchten, der groß, international und modern ist, zügig geführt wird und hohe Löhne zahlt, in dem aber Anweisungen der Vorgesetzten ohne Widerspruch befolgt werden müssen, oder aber in einem kleinen Betrieb mit geringen Löhnen, jedoch mit gutem Arbeitsklima, Verständnis bei Vorgesetzten und Kollegen, wählten 88 von 100 Jugendlichen den kleineren Betrieb[35].

Wir müssen annehmen, daß die Welt des Betriebs für den Jugendlichen undurchschaubar und anonym ist. Seine Vorstellung vom Unternehmer ist eher negativ als positiv. Er verbindet oft mit seinem Bild Kapitalismus, Umweltverschmutzung, Profitdenken, und es fällt ihm schwer, selbst eine positive Rolle in diesem Prozeß zu finden. Hier hat der Vorgesetzte die wichtige Aufgabe: Er muß sich mit kritischen Thesen der Jugend auseinandersetzen und seine Gesprächspartner über die wichtigsten Merkmale der Arbeitswelt aufklären. Dieses Gespräch kann unbequem werden, aber vielfach kann es über die Einstellung zur Berufs- und Arbeitwelt entscheiden.

Wird diese wichtige Aufgabe versäumt, so kann es sein, daß sich Jugendliche selbst ausschließen. Dabei kann man viele Formen dieser „Verweigerung“ unterscheiden: Ablehnung verschiedener Werte, Apathie („Ausstieg“ aus der Gesellschaft bis zum Alkohol-, Drogen- und Rauschgiftmißbrauch), subkulturelle Ghettobildung (sog. alternatives Leben), Anschluß an Sekten und als gefährlichste Form, die bewaffnete Selbstausschließung (z. B. im Terrorismus).

„Ob wir damit einverstanden sind oder nicht, müssen wir uns darüber klar sein, daß es eine relativ große Schicht unter der Jugend von heute gibt, die den Auszug aus dieser Gesellschaft als ihre Grunddevise bezeichnet und tatsächlich praktiziert“, meint René König[36]. Das kann uns nicht gleichgültig sein; denn es wird sich auf uns alle auswirken.

---

[35] *Fritschi, Werner*: Motive, Leitbilder und Erwartungen der Jugend, in: Industrielle Organisation Nr. 42 (1973), S. 47.

[36] Zit. nach: *Fritschi, Werner*: Motive ... a.a.O. S. 48.

Was erwartet nun der junge Arbeitnehmer an seinem Arbeitsplatz? Er möchte akzeptiert werden, er wünscht das Gespräch und viel Information. Er möchte sich mit dem, was er erfährt, gedanklich auseinandersetzen und braucht daher eine Anlaufstelle. Der Vorgesetzte sollte persönliche Autorität besitzen und in der Lage sein, diesen Widerpart zu übernehmen. Jugendliche wollen mitsprechen, und sie verlangen, daß für richtig erkannte Zielsetzungen verfolgt werden. Sie lehnen den Gedanken der Leistung nicht ab. Doch sind sie sehr feinfühlig gegenüber uneinsehbaren Anordnungen, unklaren Aufgabenstellungen und unbegründeten Forderungen. In einer Befragung des Instituts der Deutschen Wirtschaft[37] in den Jahren 1978/79 bekannten sich Jugendliche mehrheitlich zum Ordnungsprinzip der sozialen Marktwirtschaft. Doch übten sie zum Teil heftige Kritik an den Details. So kritisieren sie die Zwänge des Leistungsprinzips, die Bürgerferne des politökonomischen Geschehens, die Machtverteilung, die Ungerechtigkeit der Unternehmens- und Vermögensverteilung und die Benachteiligung der Frauen. Als Schwachstellen der Wirtschaftsordnung werden sog. Konsumterror, mangelnde Lebensqualität, Unternehmenskonzentration, Gruppenegoismen und vor allem die Arbeitslosigkeit bezeichnet.

3. Rechte und Pflichten

Vor Beginn der Berufsausbildung wird zwischen dem Ausbildenden und dem Auszubildenden ein Berufsausbildungsvertrag[38] geschlossen. Das schreibt das Berufsbildungsgesetz (§ 3) vor. Im Vertrag ist die zeitliche Gliederung und das Ziel der Ausbildung anzugeben, außerdem die tägliche Arbeitszeit, die Dauer der Probezeit, die Höhe der Vergütung, der Urlaub und die Kündigungsmöglichkeiten. Es gibt Verzeichnisse von Berufsausbildungsverhältnissen, die bei den Kammern geführt werden.

Jugendliche unter 18 Jahren dürfen nur in staatlich anerkannten Ausbildungsberufen ausgebildet werden. Für sie gibt es eine Aus-

---

[37] *Landsberg, G. v.* und *Müller, E. P.*: Jugend und Wirtschaftsordnung, Köln 1980.

[38] Rechte und Pflichten während der Berufsausbildung, Herausg. Bundesministerium für Bildung und Wissenschaft, 10. überarb. Aufl. 1978.

bildungsordnung mit einem Ausbildungsrahmenplan, nach dem der betriebliche Ausbildungsplan aufgestellt wird. Der Ausbildende muß dafür sorgen, daß das vorgesehene Ausbildungsziel erreicht werden kann. Andererseits muß sich der Jugendliche bemühen, die erforderlichen Kenntnisse und Fertigkeiten zu erwerben. Ausbildungsmittel sind kostenlos zur Verfügung zu stellen. Den Jugendlichen dürfen nur solche Arbeiten übertragen werden, die zur Ausbildung gehören. Bierholen ist keine solche Tätigkeit, wohl aber für die Sauberkeit des eigenen Arbeitsplatzes und die Pflege der Werkzeuge zu sorgen. Es ist nach wie vor ein Berichtsheft zu führen, was für die Abschlußprüfung wichtig ist. Der Auszubildende hat den Anweisungen zu folgen und sich der Betriebsordnung anzupassen. Körperliche Gewalt oder Züchtigung sind unzulässig. Betriebs- und Geschäftsgeheimnisse dürfen nicht ausgeplaudert werden und auch die ärztliche Unbedenklichkeitsbescheinigung muß vorliegen. In der Ausbildung gibt es eine Probezeit. Am Ende der Ausbildung steht die Abschlußprüfung. Vom Betrieb erhält der Lehrling ein Zeugnis.

b) Ausbildung

Für die meisten Jugendlichen ist der Übergang von der Schule in die Berufsausbildung ein entscheidender Schritt. Leistungen in der Berufsausbildung haben einen höheren Grad von Verbindlichkeit, als die der Schule. Sie können weitreichende Konsequenzen nach sich ziehen und bestimmen mehr als Schulleistungen den weiteren beruflichen Werdegang. Ein Kernstück erzieherischen Bemühens gerade in der Berufsausbildung ist die richtige Förderung und nachhaltige Stabilisierung der Leistungsmotivation.

Weil Leistung in der Berufsausbildung untrennbar mit Lernen verbunden ist, sollten Sie Bedingungen schaffen, die die Lernwilligkeit und -bereitschaft fördern und Lernunlust und Desinteresse vermeiden. Dies gilt für didaktisch gut aufbereitetes Lehrmaterial ebenso wie für die Arbeitsbedingungen und das Betriebsklima, durch die das Lernen gefördert werden kann.

Vor allem ist wichtig, daß die Auszubildenden ein umfassendes Fachwissen erwerben, zugleich lernen, selbständig zu arbeiten und mit anderen Menschen zusammenzuarbeiten. Berufliche Grundausbildung geht dabei der Fachausbildung voraus. Fachliche Fertigkeiten und Kenntnisse müssen bei wechselnder Aufgabenstellung geübt und angewandt werden. Darüber hinaus sollte der Auszubildende möglichst viel von wirtschaftlichen und gesellschaftlichen Zusammenhängen erfahren und die vielfältigen sozialen und gesellschaftlichen Beziehungen eines Unternehmens kennen und verstehen lernen. In sozialer Hinsicht soll er die Vielfalt menschlicher Verhaltensweisen (z. B. Hilfsbereitschaft, Verantwortungsbewußtsein, Takt, Toleranz, Fleiß, Sorgfalt, Kooperationsfähigkeit) verstehen und einordnen lernen.

1. Der Betrieb als Lernort

Vom ersten Tag ihrer Berufsausbildung an arbeiten die Jugendlichen im Betrieb mit Erwachsenen zusammen. Sie lernen sie in ihrer täglichen Arbeitswelt kennen, werden mit Problemen und deren Lösungen vertraut gemacht und lernen durch Zuschauen. Gleichzeitig aber erfahren sie, daß sie nun nicht mehr – wie in der Schule – Mittelpunkt des Geschehens sind, sondern zunächst eher am Rande stehen. Sie müssen lernen, die Arbeit selbst einzuteilen und die Zeit ökonomisch zu nutzen. Dazu bietet sich der Ausbilder oder der Ausbildungsbetreuer zur Hilfestellung an.

Die Jugendlichen lernen, daß in einem Betrieb nicht alle notwendigen Informationen zur Verfügung stehen, sondern beschafft werden müssen, und daß nahezu jede Entscheidung unter Informationsmangel getroffen werden muß. Auch auf diese Weise erfahren sie den Betrieb als etwas nicht ganz Durchschaubares, auf Erfahrung, Gewohnheiten und Hierarchien gegründetes Zusammenspiel von mehreren arbeitsteiligen Stellen. Eine neue Erfahrung ist auch die Auseinandersetzung mit älteren Arbeitnehmern, die an derselben Aufgabe beschäftigt sind. Im Handwerksbetrieb mit wenigen Beschäftigten ergibt das Verhältnis zwischen Gesellen und Lehrlingen oder zwischen Altgesellen und Berufsanfängern ein spannungsgeladenes Zusammenarbeiten.

Gleichzeitig aber bietet der Betrieb eine Möglichkeit der Integration, mit der Erkenntnis, daß jeder in seiner Position eine notwendige Arbeit zu leisten hat.

Eine interessante Erfahrung machen Betriebe derzeit mit der Einrichtung von Erfahrungsaustausch- oder Lerngruppen. Sie sollen vor Ort wach und aktuell halten und der Unternehmensleitung Kontakt zu den Problemen der Praxis verschaffen. Die Informationen über das Vorhaben „Lernstatt", wie sie z. B. die Hannen Brauerei an ihre Mitarbeiter verteilt, sind hier auszugsweise wiedergegeben:

Was ist Lernstatt?

Es ist eine Einrichtung zum Austausch und zur Vertiefung betrieblicher Erfahrung, zur Erweiterung des Grundwissens über betriebliche Zusammenhänge und zur Förderung der Kommunikation im Betrieb.

Lernstatt ist immer Gruppenarbeit. Eine Gruppe besteht aus 6-8 Mitarbeitern, die sich über einen Zeitraum von 2-3 Monaten regelmäßig, z. B. 1 x pro Woche, während der Arbeitszeit im Lernstatt-Raum treffen. (Dies geschieht in den Monaten März-Mai und September-November). Für Mitarbeiter, die in dieser Zeit keine Schicht haben, wird die Lernstatt-Zeit mit Freizeit „vergütet".

Lerngruppen werden in ungezwungener Atmosphäre produktiv. Lernen soll Spaß machen. Erfahrene Arbeitskollegen und Vorgesetzte bis zum Vorarbeiter, die einen Lernstoff in Sprache und Temperament des Mitarbeiters übersetzen können, und bei denen man keine Angst hat, Fragen zu stellen, und zwar solange, bis man etwas verstanden hat, sind die geeignetsten Moderatoren (Leiter).

Diese Moderatoren erhalten vorher eine methodische Vorbereitung auf die Lerngruppenarbeit.

Eine Lernstatt muß ein klar definiertes Lernziel haben.

Darüber hinaus muß eine Lerngruppe aber auch die Gelegenheit haben, eigene Erfahrungen als Themen in die Gruppen zu bringen oder Fragen zu besprechen, die sich aus aktuellen betrieblichen Situationen wie Unfällen ergeben.

In Lernstatt werden wohl auch Themen besprochen, die von den Vorgesetzten zwar häufig als selbstverständlich vorausgesetzt werden, die aber manchmal gerade die entscheidenden Wissenslücken aus Mitarbeitersicht darstellen.

Lernstatt ist dialogisch konzipiert. Es soll viel gemeinsam erarbeitet und wenig referiert werden.

2. Der Weg zum Ausbildungsplatz

Bevor der Jugendliche seine Ausbildung beginnen kann, hat er schon eine Art Hindernislauf hinter sich gebracht. Er mußte sich für einen Beruf entscheiden, sich bei Firmen bewerben, dort ein Auswahlverfahren durchlaufen, um schließlich zu einem Vertrag zu kommen.

Die Wahl des richtigen Berufes ist eine der schwersten Entscheidungen, die Jugendliche zu treffen haben. Oft werden sie Berufe ihrer Eltern wählen oder deren Ratschläge berücksichtigen. Sie können sich beraten lassen von Informationszentren, die bei Arbeitsämtern eingerichtet sind, durch das Fach „Berufsorientierung" in manchen Schulen Auswahlhinweise erhalten und nicht zuletzt in der Diskussion mit ihren Eltern zu einem Ergebnis kommen.

Im Jahre 1980 gab es in der Bundesrepublik Deutschland 452 anerkannte Ausbildungsberufe, für die in einer 2 bis 3 1/2-jährigen Ausbildungszeit ein qualifizierter Abschluß erworben werden kann[39]. Die Ausbildung geschieht im sog. dualen System, also im Betrieb und in der Berufsschule. Hat sich ein Jugendlicher für einen Beruf entschieden, so wird er einen Ausbildungsbetrieb suchen müssen. Auch dabei helfen ihm die Arbeitsämter oder Stellenanzeigen in den Tageszeitungen bzw. seine eigene Informationsbeschaffung. Manche Unternehmen geben Broschüren heraus, in denen sie Ratschläge für eine gute Bewerbung geben[40].

---

[39] Unterrichtsmaterialien zur Berufsorientierung, Hamburg 1980.

[40] Z. B. Sparkassen-Post-Service: Informationen für junge Leute, Stuttgart 1979.

Interviews mit Jugendlichen haben ergeben, daß manche bis zu 30 Bewerbungsschreiben versenden, um sicher zu sein, jede Chance genutzt zu haben. Der Ausbildungsbetrieb überprüft die Bewerbung daraufhin, ob die Voraussetzungen für den angestrebten Ausbildungsgang erfüllt sind. Dabei spielen das Zeugnis, die Aussagen in dem Anschreiben und auch die Aufmachung der Bewerbung eine Rolle. Ist eine Bewerbung auf diese Weise bei einem Ausbildungsbetrieb positiv bewertet worden, wird der Jugendliche zu einem Vorstellungsgespräch eingeladen. Wer als Erwachsener solche Gespräche geführt hat, weiß, daß sie schon für den Interviewer eine nervliche Belastung darstellen. Dies gilt besonders für einen Jugendlichen, für den es um den beruflichen Werdegang geht.

Als nächster Schritt folgt in vielen Betrieben ein Eignungstest. Diese Tests beziehen sich auf die Überprüfung von Grundfertigkeiten und Grundkenntnissen. Es werden Diktate geschrieben, Fehler müssen gesucht werden, Aufsätze und Wissensfragen werden gestellt, auch ein Rechentest und Begriffs- oder Symbolbestimmungen sowie räumliches und geometrisches Sehen oder mechanisch-technisches Verständnis werden je nach Ziel des Tests erfragt. Zumeist haben die Jugendlichen schon in der Schule die Möglichkeit gehabt, sich auf solche Tests einzustellen.

Im Betrieb entscheiden die zuständigen Stellen, meist Personal- und Ausbildungsabteilung, zusammen mit dem Betriebsrat über die Bewerber, mit denen ein Ausbildungsvertrag abgeschlossen wird. Das ganze Verfahren zieht sich für den Jugendlichen über Monate hin, und die Erfahrung zeigt, daß er gut beraten ist, wenn er schon ein Jahr vor seinem möglichen Ausbildungsbeginn das Verfahren in Gang setzt.

Das alles hat der Jugendliche schon hinter sich, wenn er an seinem ersten Arbeitstag zu Ihnen kommt, um ausgebildet zu werden.

3. Der Ausbilder oder Ausbildungsbeauftragte

Die meisten Jugendlichen werden in Handwerksbetrieben ausgebildet. Die Industrie hat trotz des großen Aufwandes für Lehrwerkstätten, Ausbildungspersonal und Ausbildungsordnungen nicht den größten Anteil an Lehrlingen. Das mag auch daran liegen, daß in der Industrie zunächst keine eigenen Ausbildungsplätze entwickelt wurden und man sich mit Handwerkern oder ungelernten Arbeitern behalf. Erst der Bedarf an Facharbeitern ließ eigene Ausbildungsgänge entstehen, die sich weitgehend der Form der Handwerkslehre bedienten. Die Einrichtung von zentralen oder überbetrieblichen Lehrwerkstätten hat erst in unserer Zeit an Bedeutung gewonnen.

Wenn Sie als Ausbilder tätig werden, haben Sie bestimmte Voraussetzungen zu erfüllen, die in der „Ausbildereignungsverordnung gewerbliche Wirtschaft", in der Handwerksordnung oder auch in Verordnungen für die Landwirtschaft und den Öffentlichen Dienst zu finden sind. Kenntnisse in Grundfragen der Berufsbildung sowie Planung und Durchführung der Ausbildung, über den Jugendlichen in der Ausbildung und über die Rechtsgrundlagen der Ausbildung sind in einer Prüfung nachzuweisen.

Ausbildung ist vor allem Vorbild. So wie der Ausbilder zur Aufgabenerledigung steht, wie er Probleme bewältigt und mit Kollegen zusammenarbeitet, kann er für den Jugendlichen beispielhaft sein. Darüber hinaus sollte er diskussionsbereit sein und auch in der Vermittlung des zu lernenden Stoffes und der zu übenden Tätigkeit mehr fragen als aussagen. Gespräche mit Jugendlichen zeigen immer wieder, daß sie als das größte Manko ihrer Ausbildung ansehen, nicht selbständig handeln zu dürfen. Die meisten Ausbilder trauen den Jugendlichen zu wenig zu. Es sollte Ihre Aufgabe sein, sich Gedanken darüber zu machen, in welchem Rahmen Jugendliche eine eigenverantwortliche Tätigkeit übernehmen, sie selbständig ausführen und zur Kontrolle vorlegen können. Man kann auch beobachten, daß manche Ausbilder zu ängstlich sind – besonders dann, wenn es um ihren eigenen Arbeitsauftrag geht –, diesen auch durch Lehrlinge ausführen zu lassen und sich darauf zu beschränken, die Ausführung zu überwachen und Hilfestellung zu bieten. Statt dessen werden manchmal Lehrlinge zu Hilfsarbeiten, Zutragediensten, Botengängen und Tätigkeiten wie Kopieren eingesetzt, bei denen

„nichts schiefgehen kann". Lernen ist ein Voranschreiten über mehrere Stufen: Man erwirbt Kenntnisse und baut auf diesen Kenntnissen auf. Am meisten lernt man, wenn man mit einer Aufgabe Erfolg hatte. Diese Motivation entsteht aber nur, wenn der Erfolg auch meßbar ist. Daher sollte der Ausbilder dem Jugendlichen Erfolgserlebnisse vermitteln, und das geschieht am leichtesten dadurch, daß kleine überschaubare, klar beschriebene Aufgaben im Sinne des Ziels der Ausbildung gestellt werden. Darüber hinaus ist es wichtig, daß der Auszubildende lernt, Probleme selbständig zu bearbeiten und zu lösen. Seine Kreativität soll angeregt werden, denn obwohl alles schon einmal da war und gedacht worden ist, sind die eigenen Entdeckungen am wertvollsten. Schon fällt wegen der ausgeklügelten Stoffdarbietung das Wort von der Monotonie der Ausbildung. Das sollten Sie als Ausbilder auf jeden Fall verhindern.

c) Schule und Beruf

Im Berufsleben erfährt der Auszubildende – im Gegensatz zur allgemeinbildenden Schule – viel stärker, wie notwendig die Zusammenarbeit mit Kollegen und Vorgesetzten für die berufliche Leistung ist. Zwischen Schule und Beruf bestehen z. B. folgende Unterschiede[41]:

Die Gruppenzusammensetzung

- ist in der Schule gekennzeichnet durch die Mehrheit der „Lernenden";
- ist im Betrieb von der Mehrheit der „Gelernten" geprägt.

Der Integrationsprozeß

- vollzieht sich in der Schule stärker nur unter Gleichaltrigen;
- geschieht im Betrieb generationsübergreifend.

Die fachlichen Probleme

- müssen in schulischen Ausbildungseinrichtungen oft simuliert

[41] Ausbilder in der chemischen Industrie, April 1980, S. 5.

werden, sie sind dann leicht praxisfremd. Die Verantwortung liegt allein beim Lehrer;

- kommen im Betrieb aus realen Aufgaben und sind auf sie bezogen. Die Verantwortung der Aufgabenerfüllung liegt oft schon beim Auszubildenden.

Deshalb ist die Hinführung der Schüler auf die Berufswelt von großer Bedeutung, vor allem um das Gefälle von Theorie und Praxis zu überwinden. Die Bundesvereinigung der Deutschen Arbeitgeberverbände fordert daher hierfür zu recht ein eigenständiges Fach oder einen eigenständigen Unterrichtsbereich in allen Schulformen und Schulstufen[42]. Dies setzt jedoch eine reformierte Lehreraus- und -weiterbildung voraus. Hier ist man über erste Ansätze noch nicht hinausgekommen.

Auch viele Hochschulabsolventen haben wegen der modelltheoretischen Überfrachtung ihres an den Universitäten erworbenen Wissens Startschwierigkeiten beim Übergang in den Beruf. Hinzu kommt in vielen Fällen eine unangemessene Arbeitstechnik, die durch Langsamkeit, Umständlichkeit und Unselbständigkeit der Aufgabenabwicklung gekennzeichnet ist[43]. Insofern ist auch die Hochschulausbildung in vielen Fächern im Hinblick auf eine stärkere Praxisorientierung des gelehrten Wissens und der Arbeitstechnik zu reformieren.

1. Berufsschule

Die Berufsschule wurde eigens für Auszubildende eingerichtet. Sie vermittelt allgemeine und fachbezogene Kenntnisse und Fähigkeiten, unter besonderer Berücksichtigung der Berufsausbildung. Der fachbezogene Unterricht soll mit der betrieblichen und der überbetrieblichen Ausbildung abgestimmt werden und sich auf zwölf Wochenstunden erstrecken. Er wird in einigen Ländern grundsätzlich in zusammenhängenden Abschnitten, der sog. Blockform erteilt. Der erfolgreiche Besuch der Berufsschule kann den fehlenden Hauptschulabschluß ersetzen. Im dualen System

---

[42] BDA, Hinführung der Schüler zu Wirtschafts-, Arbeits- und Berufswelt, Köln 1980.

[43] *Lauchberg, G. v.*: Studium und Beruf, in: der Arbeitgeber 1980, S. 297.

der Ausbildung ist die Berufsschule der zweite Lernort. Der Unterrichtsstoff und die Anforderungen werden vom Bundesinstitut für Berufsbildung erarbeitet.

Aufgabe der Berufsschule ist es, dem Auszubildenden eine breite theoretische Grundlage zu geben und ihn wesentliche und übergreifende Zusammenhänge erkennen zu lassen. Sie soll darüber hinaus möglicherweise entstehende Einseitigkeiten in der betrieblichen Ausbildung vermeiden helfen[44]. Doch gerade darin liegt die Schwierigkeit dieses Schulzweiges: Einerseits sollen sich die Inhalte an der Praxis orientieren, andererseits soll er eine Komplementär-Funktion übernehmen. Die unterschiedliche Ausbildung der jeweiligen Lehrpersonen in Schule und Betrieb, die leicht differierende Zielrichtung der Ausbildung – hier theoretische Grundlage, dort schnelle fachliche Einarbeitung – machen den notwendigen Abstimmungsprozeß nicht immer leicht.

Der Auszubildende muß für die Unterrichtszeit von der Arbeit freigestellt werden. Das gilt auch für Veranstaltungen, die außerhalb des Unterrichts stattfinden, wie z. B. Betriebsbesichtigungen. Der Auszubildende muß seinerseits, wenn er freigestellt worden ist, auch an diesen Veranstaltungen teilnehmen, und Sie als Ausbilder sollten darauf hinwirken, daß die Ausbildungsmöglichkeiten wahrgenommen werden. Wissen sollte man auch, daß für die Zeit des Berufsschulunterrichts Ausbildungsvergütung gezahlt wird. Dennoch ist die Berufsschulzeit keine Arbeitszeit, sie wird lediglich auf die Arbeitszeit angerechnet.

2. Betriebspraktikum

Einige wichtige Berührungspunkte zwischen Arbeitswelt und Schule ergeben sich durch das Betriebspraktikum, eine Einrichtung, die in vielen Bundesländern schon seit einiger Zeit besteht. Schüler der Jahrgangsstufen 8 bis 10 der allgemeinbildenden Schulen können auf diese Weise einige Zeit in einem Betrieb mitarbeiten und einen Einblick in wirtschaftliche, soziale und politische Zusammenhänge erwerben. Die Teilnahme am Praktikum ist freiwillig.

[44] Unterrichtsmaterialien zur Berufsorientierung a.a.O.

Das Betriebspraktikum ist eine schulische Veranstaltung, für die das Land z. B. den Versicherungsschutz übernimmt. Die Vorbereitung geschieht in der Schule und durch den Praktikanten selbst. Er sollte den Betrieb aufsuchen, Gespräche führen und sich mit dem Verantwortlichen unterhalten. Im Betrieb sollen Betriebsrat und Jugendvertretung über das Praktikum unterrichtet werden.

In der Schule wird zur Vorbereitung des Praktikums ein Aufgaben- und Fragenkatalog erarbeitet. Er bezieht sich auf die Tätigkeit der Betriebsangehörigen, Löhne und Gehälter, das Betriebsverfassungsgesetz, Einrichtungen des Betriebes. Es ist vorgesehen, daß der Schüler an verschiedenen Arbeitsplätzen tätig wird. Einige Länder haben Richtlinien für das Betriebspraktikum erlassen. Sie sehen z. B. in Hamburg vor, daß Praktika in der Regel drei Wochen dauern sollen. Die Teilnahme ist freiwillig und bedarf der Zustimmung der Erziehungsberechtigten; es darf kein Entgelt gezahlt werden. Im Betrieb ist ein Betreuer zu benennen, der den Schüler beaufsichtigt und einweist. Der Lehrer soll den Schüler während des Praktikums im Betrieb besuchen. Einmal wöchentlich treffen Lehrer und Schüler nachmittags zu einem Erfahrungsaustausch in der Schule zusammen.

Die Berufsschullehrer sollen in Intervallen von 5 Jahren ein Praktikum in einem Wirtschaftsbetrieb absolvieren, um den Praxisbezug für den Unterricht zu wahren. Die Lehrer lernen mehrere Ausbildungsabteilungen kennen, wobei die Verweilzeiten so angesetzt sind, daß sie in einigen Abteilungen aktiv mitarbeiten können.

3. Berufsanfänger

Hat der Lehrling seine berufliche Ausbildung abgeschlossen, so tritt er als Arbeitnehmer in ein normales Angestellten- oder Arbeitsverhältnis ein. Es gibt daneben aber auch die Gruppe der sog. Jungarbeiter oder Jungangestellten, die ohne Ausbildungsvertrag ihr Arbeitsleben beginnen. Und auch eine dritte Gruppe von Berufsanfängern muß hier erwähnt werden, Hochschüler mit abgeschlossener Ausbildung.

Frühestens während der letzten drei Monate der Berufsausbildung kann zwischen dem Betrieb und dem Auszubildenden eine Vereinbarung über die Weiterbeschäftigung getroffen werden. Gibt es keine Vereinbarung, und der Jugendliche wird im Anschluß an das Ausbildungsverhältnis weiterbeschäftigt, so wird ein Arbeitsverhältnis auf unbestimmte Zeit begründet. Manche Unternehmen sehen oft keine Chance, Lehrlinge selbst mit gutem Abschlußzeugnis im Unternehmen weiter zu beschäftigen. Ein grober Fehler wäre es allerdings, wenn statt des ausgebildeten jungen Berufsanfängers gleichwertiges Personal von außen angeworben wird mit der Begründung, es fehle dem Jugendlichen an der nötigen Berufserfahrung. Die im eigenen Unternehmen ausgebildeten jungen Leute müssen eine Chance zum Berufsanfang haben.

Eine ähnliche Situation entsteht für die Studierenden an Wirtschaftsakademien. Ihre Ausbildung zum Wirtschaftsassistenten nach zwei Jahren oder zum Betriebswirt nach einem dritten Jahr wird im Betrieb durch eine intensive fachpraktische Ausbildung ergänzt. Junge Leute, die sich für diese Form der Berufsausbildung entschieden haben, verzichten auf ein Universitätsstudium, um gleich in die berufliche Praxis zu gehen. Auch dieser Unterricht geschieht in Blockform oder über weite Strecken berufsbegleitend.

Jugendliche, die ohne Berufsausbildung in einem Unternehmen beginnen, Jungarbeiter und Jungangestellte werden für bestimmte Tätigkeiten eingewiesen und angelernt. Sie müssen zunächst einfache Aufgaben übernehmen, die mit ansteigender Verantwortung verbunden sind.

Zu den Berufsanfängern gehören auch Hochschulabsolventen, die ihre Kenntnisse in die Praxis umsetzen wollen. Auch hier muß das Unternehmen noch investieren. Es hat sich bewährt, zunächst einen Überblick über das Unternehmen zu geben. Dazu weist man die neuen Mitarbeiter zur Information längere Zeit verschiedenen Abteilungen zu und setzt sie erst später an dem Platz ein, für den sie eingestellt worden sind. Die Einarbeitung dieser sog. Trainees oder Informanden geht davon aus, daß trotz des Hochschulabschlusses noch kein vollgültiger Einsatz möglich ist. Leichtere Aufgaben, überschaubare Arbeitsgebiete, ständige Diskussionsbereitschaft und Anleitung durch den Vorgesetzten erleichtern hier den Einstieg in das Berufsleben. Besonders bei diesem Personenkreis wirkt sich der sog. Praxisschock sehr deutlich aus, weil das systematische, gründliche Arbeiten an der Universität abgelöst wird durch das zuweilen hektische, schnell wechselnde Arbeiten in der Praxis. Sich eine solche neue Arbeitsweise anzueignen und sich in den Rhythmus eines Unternehmens einzugliedern, ist ein Prozeß, der Anpassungsprobleme mit sich bringt. Hier sollten Sie als Vorgesetzter helfend zur Verfügung stehen.

d) Wirkungsmöglichkeiten des Betriebes

Viele junge Menschen sehen unseren gegenwärtigen Wohlstand als weitgehend gesichert an und halten es nicht für nötig, sich dafür zu engagieren. Vielen erscheint die vorhandene demokratische Ordnung als selbstverständlich. Die Notwendigkeit des Leistungsprinzips, das sich gegenseitige Bedingen von Rechten und Pflichten, Kompetenzen und Verantwortung werden oft nicht anerkannt. Deshalb ist es wichtig, diese Werte vorzuleben. Insofern hat der Betrieb eine wichtige Bildungs- und Erziehungsfunktion.

Was können Unternehmen konkret tun? Priorität hat die Eindämmung von Jugendarbeitslosigkeit durch verstärkte Ausbildung. Außerdem können Sie den Jugendlichen beim Einleben in die Arbeitswelt helfen. Einführungsseminare beim Eintritt in den Betrieb, Jugendversammlungen, Betriebserkundungen und Schülerpraktika bereits vor Beginn der Berufsausbildung sind hierfür geeignet. Viele Betriebe bieten auch für die Freizeit Anregungen. Damit kann z. B. der Gefährdung durch Alkohol, und Drogenkonsum entgegengewirkt werden.

Nicht zuletzt ist die Förderung von Jugendorganisationen zu nennen. Sie können die Unternehmen bei dem Bemühen, Freizeithilfen zu geben, wesentlich unterstützen. Außerdem kann es pädagogisch wirkungsvoll sein, Jugendlichen soziale Betreuungsaufgaben zu vermitteln; etwa gemeinsame Ferienlager mit behinderten Menschen.

„Eine praxisorientierte Erziehung zum sozialen Engagement kann Fehlentwicklungen entgegenwirken, die aus theoretischen Diskussionen über die Verbesserung der Welt und der Gesellschaft entstehen können. Aufgabe der Unternehmen ist es auch, die jungen Menschen zu fördern, damit sie Eigenschaften entwickeln können, wie die Fähigkeit zur Zusammenarbeit, die Bereitschaft, Verantwortung zu übernehmen, Kreativität und Mut, sich mit neuen ungewohnten Aufgaben auseinanderzusetzen"[45].

Bedingt dadurch, daß geburtenstarke Jahrgänge auf den Arbeitsmarkt drängen, spielt der Kampf um einen Ausbildungs- und Arbeitsplatz bei vielen Jugendlichen eine große Rolle. Viele Unternehmen haben in den vergangenen Jahren Anstrengungen unternommen, um zusätzliche Lehrstellen zu schaffen, auch wenn der eigene Bedarf es nicht erforderte. Hierin spiegelt sich zugleich volkswirtschaftliche Verantwortung, denn gegen Ende dieses Jahrzehnts kommen die geburtenschwachen Jahrgänge. Kräfte mit abgeschlossener Berufsausbildung werden dann noch dringender gesucht als das heute bereits der Fall ist. Gleichzeitig wird mit verstärkter Berufsausbildung der Jugendarbeitslosigkeit entgegengewirkt und den Betroffenen eine sinnvolle Tätigkeit gegeben. Das gilt auch für schwer zu vermittelnde Jugendliche, die in mehreren Projekten erfolgreich gefördert werden konnten.

In diesem Zusammenhang soll eine Gruppe nicht vergessen werden, die von der Gefahr der Arbeitslosigkeit besonders bedroht ist: Die Kinder ausländischer Arbeitnehmer. Hier bestehen vielfältige Eingliederungsprobleme, wie sprachliche Schwierigkeiten und mangelnde Bereitschaft deutscher Arbeitnehmer, ihre ausländischen Mitbürger als gleichberechtigt zu akzeptieren. Verstärkte Anstrengungen sind deshalb nötig, diejenigen ausländischen Jugendlichen in unser Sozialgefüge einzugliedern, die nicht in die Ursprungsländer zurückkehren können oder wollen.

---

[45] Jugend in der freiheitlichen Gesellschaft, BDA Köln 1979, S. 30 f.

Abschließend kann nicht eindringlich genug darauf hingewiesen werden, daß Unternehmensleitungen und alle Führungskräfte sich bemühen müssen, die jungen Menschen zu verstehen und ihnen – trotz aller Wirtschaftlichkeitsüberlegungen – die Aufnahme in die Betriebe und damit langfristig wohl auch in unsere Wirtschaftsordnung zu erleichtern.

Kapitel XVI

Theorie und Praxis

„Grau, teurer Freund, ist alle Theorie!"
Goethe

Wir haben uns zwar sehr bemüht, die einzelnen Probleme möglichst praxisnah zu schildern, doch ist gerade auf dem Gebiet der Menschenführung die Wirklichkeit so vielfältig, daß im Gegensatz zu anderen Fachrichtungen selten verbindliche Maßstäbe gesetzt werden können. Vielleicht erhielten Sie Anregungen für Ihre zukünftige Arbeit, vielleicht ergaben sich neue Gesichtspunkte.

Um Ihnen dabei zu helfen, das bisher Gelesene zu verarbeiten und zu kontrollieren, wieweit Sie mit den Ausführungen übereinstimmen, sind einige Fallbeispiele angeführt. Aber auch hier muß betont werden, daß es bei der Führung der Mitarbeiter selten nur eine Möglichkeit der Entscheidungen oder Schlußfolgerungen gibt.

Von den angebotenen Lösungen finden Sie am Schluß dieses Kapitels die erwähnt, die der Verfasser für den jeweils besten Weg hält. Es mag sein, daß sich auf Grund der besonderen Situation in Ihrem Unternehmen oder Ihrer Verwaltung eine andere Lösung anbietet.

Beachten Sie aber gerade bei den hier angeführten Beispielen, daß es tarifliche oder betriebliche Grundsätze geben kann, die für alle Beteiligten verbindlich sind. Sie müssen die Entscheidung also so treffen, daß sie in diesem Rahmen liegt und auch einer kritischen Prüfung durch Vorgesetzte und Betriebsrat standhält.

So hat z. B. im Fall 6 der Mitarbeiter das Recht, sich auf eine betriebliche Ausschreibung zu bewerben; beim Fall 14 müssen die Auswahlrichtlinien beachtet werden.

1. Fall: Lohnforderung

Ein Mitarbeiter kommt zu Ihnen und fordert eine Lohnerhöhung. Dabei weist er darauf hin, daß er in einem anderen Betrieb mehr bekommen kann und kündigen würde, wenn er keine Lohnerhöhung bekäme. Was antworten Sie?

a) Sie lehnen eine Lohnerhöhung ab, weil Sie sie nicht für richtig halten. Sie nehmen lieber einen Arbeitskräfteengpaß in Kauf, als Unzufriedenheit bei Ihren anderen Mitarbeitern aufkommen zu lassen; Sie überlassen dem Betriebsangehörigen zu kündigen.

b) Sie wollen den Mitarbeiter unbedingt behalten und versprechen ihm eine Lohnerhöhung, wobei Sie darauf hinweisen, er solle darüber nicht sprechen.

c) Sie fragen den Mitarbeiter, ob er im Vergleich zu seinen Kollegen den richtigen Lohn erhalte und aus welchem Grund er diese Lohnforderung stellt. Sind es finanzielle Schwierigkeiten, dann zeigen Sie ihm Wege, wie seine Probleme unter Umständen durch Firmenhilfe gelöst werden könnten. Sind Sie der Meinung, der Mitarbeiter sei nicht richtig eingestuft, dann sagen Sie ihm zu, Sie würden sich für eine Überprüfung einsetzen.

2. Fall: Beurteilungsmitteilung

Sie haben einen Mitarbeiter zum Teil negativ beurteilt und teilen ihm die sehr unterschiedlichen Bewertungen, z. B. in Arbeitsmenge, Arbeitsgüte, Kostenbewußtsein, Zuverlässigkeit, Verhalten zu den Mitarbeitern und Verhalten zu den Vorgesetzten, mit. Er ist empört und will Sie von seiner entgegengesetzten Meinung überzeugen. Wie verhalten Sie sich, wenn Sie von der Richtigkeit Ihrer Beurteilung überzeugt sind?

a) Um jeden Preis wollen Sie Ärger vermeiden. Darum geben Sie nach, ändern wesentliche Punkte der Beurteilung, um den Mitarbeiter nicht zu verlieren und sich wieder mit ihm zu versöhnen.

b) Sie vertreten die Beurteilung, selbst auf die Gefahr hin, daß der Mitarbeiter kündigt oder Sie selbst auf andere Weise Unannehmlichkeiten zu erwarten haben, und brechen das Gespräch ab.

c) Sie erklären dem Mitarbeiter, jeder hat gute und schlechte Eigenschaften, Sie fragen ihn, wie er sich selbst in einzelnen Sparten beurteilt. Dabei erwarten Sie, daß er sich selbst besser kennt und Einsicht erkennen läßt.

3. Fall: Fehlzeiten

In Ihrer Abteilung nehmen die Ausfallzeiten im Vergleich zu anderen Bereichen bedenklich zu. Sie haben einen Mitarbeiter, der, auch ohne daß sein Wohlbefinden eingeschränkt ist, gern einmal „krankfeiert".

a) Da Sie der „Zeiterscheinung" nun einmal nicht ausweichen können, unternehmen Sie nichts, um diese Entwicklung zu ändern.

b) Sie führen ein eindeutiges Gespräche mit ihm, Sie appellieren an sein schlechtes Verhalten den Kollegen wie auch der Firma gegenüber und drohen geeignete Maßnahmen an, falls er sich nicht bessert. Die Maßnahmen beabsichtigen Sie dann tatsächlich einzuleiten.

c) Sie würden versuchen, ihn durch Krankenbesuche und vertrauensärztliche Untersuchungen „erwischen" zu lassen. Da Sie weiter mit dem Arbeitnehmer zusammenarbeiten müssen, wollen Sie persönlich Krach mit ihm vermeiden.

4. Fall: Delegation

Bisher haben Sie über die laufende Arbeit Berichte für die Abteilungs- oder Betriebsleitung erstellt. Inzwischen sind für Sie aber so viele neue Aufgaben hinzugekommen, daß es Ihnen vielfach an Zeit und Ruhe fehlt, diese wichtigen Berichte selbst zu verfassen. Einer Ihrer Mitarbeiter, der sich schon bei kleineren Aufgabe bewährt hat, scheint geeignet, Ihnen diese Arbeiten abzunehmen. Wie gehen Sie vor?

a) Sie sind der Meinung, daß einer Ihrer Mitarbeiter allein diese schwierige Aufgabe nicht bewältigt. Sie übertragen sie daher mehreren, ohne die Zuständigkeiten genau zu regeln. Sie behalten sich ja die letzte Entscheidung vor. Außerdem spornt Konkurrenz an.

b) Sie erklären einem Mitarbeiter die sachliche Notwendigkeit der Aufgabe, die Sie ihm übertragen. Zu einzelnen Punkten geben Sie ihm genaue Auskunft, warum und zu welchem Zweck sie zu bearbeiten sind. Sie billigen ihm aber auch gleichzeitig die notwendige Kompetenz zu, diese Aufgabe selbständig auszuführen und die volle Verantwortung dafür zu übernehmen. Auch nach außen hin wird die Zuständigkeit des Mitarbeiters bekanntgegeben, damit sich seine Kollegen nicht unsicher fühlen. Erst wenn die Arbeit beendet ist, überzeugen Sie sich von der Richtigkeit des Ergebnisses.

c) Sie erteilen ihm den Auftrag, ohne ihm Erklärungen zu einzelnen Punkten zu geben. Nach ihrer Meinung ist das zur Erfüllung der Aufgabe nicht nötig. Sie kontrollieren ihn häufiger, um sich vom Fortgang der Arbeit zu überzeugen. Sachlich notwendige Auskünfte einzuholen oder Besprechungen mit anderen Stellen des Unternehmens zu führen, ist ihm nur mit Ihrer Einwilligung möglich.

5. Fall: Beurteilung der Leistung

Die Personalabteilung hat Sie gebeten, eine schriftliche Beurteilung über einen Konstruktionsschweißer, der seit einigen Jahren in Ihrer Gruppe arbeitet, abzugeben. Sie haben ihn über längere Zeit beobachtet, wobei Sie einmalige Eindrücke unberücksichtigt ließen, und ziehen jetzt die Folgerungen aus diesen Beobachtungen. Das Ergebnis zeigt, daß der Mitarbeiter über eine Reihe von guten Eigenschaften und Fähigkeiten verfügt, in einigen Punkten aber versagt hat und zur Kritik Veranlassung gibt. Sie rufen ihn zu sich, um mit ihm darüber zu sprechen. Wie gestalten Sie die Aussprache?

a) Die Besprechung findet in einer Pause zwischen zwei für Sie wichtigen Terminen statt. Sie sind in Eile und legen dem Mitarbeiter kurz und bündig dar, was Ihnen mißfällt und was er künftig abzustellen hat. Für den Fall, daß er sich nicht bessert, drohen Sie ihm mit Versetzung oder gar Entlassung.

b) Sie sagen dem Mitarbeiter zunächst einmal, welche Eigenschaften Sie an ihm schätzen und was er damit erreichen könnte, wenn nicht einige Schwächen vorhanden wären. Dann teilen Sie ihm mit, was Sie zur Kritik veranlaßt hat. Sie fragen ihn nach den Gründen für sein Versagen in bestimmten Punkten und versuchen, ihm bei der Beseitigung seiner Schwächen zu helfen.

c) Sie nehmen sich Zeit für die Aussprache und gehen mit pädagogischem Eifer daran, die Leistung des Mitarbeiters durch eine solche Aussprache zu verbessern. Sie beginnen mit Vorhaltungen über seine Schwächen und Fehler und sind überzeugt, daß der Eindruck Ihrer Kritik seine Wirkung bei ihm tun wird.

6. Fall: Personalwechsel

Ein qualifizierter Mitarbeiter hat sich in Abendkursen zusätzliche umfangreiche Kenntnisse erworben und möchte jetzt an einem Arbeitsplatz eingesetzt werden, der seinen gesteigerten Fähigkeiten entspricht. Er bittet Sie, ihn dabei zu unterstützen. Wie verhalten Sie sich, wenn in Ihrem Bereich kein geeigneter Arbeitsplatz vorhanden ist?

a) Sie möchten diesen guten Mitarbeiter nicht verlieren. Sie suchen ihn zunächst einmal hinzuhalten. Später, als er drängt, legen Sie ihm Hindernisse bei seinem Aufstieg in den Weg.

b) Sie empfehlen ihn der Personalabteilung, bitten ihn aber gleichzeitig, noch so lange auf seinem Platz zu bleiben, bis Ersatz für ihn beschafft ist.

c) Sie schildern ihm die von Ihnen angenommenen Vorteile auf seinem gegenwärtigen Arbeitsplatz und weisen auf das Risiko eines Positionswechsels hin.

7. Fall: Rationalisierung

In einem Meisterbereich werden verschiedene Teile mit unterschiedlichen Abmessungen hergestellt. Die Stückzahl der einzelnen Typen wechselt. Es wird im Einzelakkord gearbeitet. Die geringe Durchlaufgeschwindigkeit macht dem Meister das Leben schwer.

Nach einer eingehenden Studie des Arbeitsablaufes ordnet die Abteilungsleitung Maßnahmen an, die den Produktionsablauf günstiger gestalten sollen. Das Ziel ist die Steigerung der Durchlaufgeschwindigkeit. Voraussetzung ist aber, daß im Gruppenakkord gearbeitet wird. Es zeigt sich, daß danach mehrere Arbeiter frei werden. Wie bewältigen Sie die menschlichen Probleme, die diese Umstellung auslöst?

a) In einer Zusammenkunft mit Ihren Mitarbeitern besprechen Sie, wie der Plan am besten in die Wirklichkeit umgesetzt werden kann. Sie teilen ihnen mit, um was es geht und bitten sie um Vorschläge. Sie begründen sachlich die Umstellung und erläutern ausführlich die Auswirkungen, die sie auf die einzelnen Arbeitnehmer haben kann.

b) Sie rufen einzelne Mitarbeiter zu sich, diejenigen, von denen Sie eine positive Reaktion erwarten – und besprechen mit ihnen die Durchführung der Änderung. Sie hoffen, daß sie ihre Kollegen in Ihrem Sinne beeinflussen werden und auf diese Weise Schwierigkeiten vermeiden können.

c) Sie überlegen in Ruhe, wie die Umstellung technisch und menschlich am besten zu bewerkstelligen ist. Sie arbeiten einen genauen Plan aus. Diesen Plan besprechen Sie mit den Mitarbeitern, von denen Sie Mitdenken und Verantwortungsbewußtsein erwarten.

8. Fall: Einführung eines neuen Mitarbeiters

Ein neuer Mitarbeiter, von dem Sie hoffen, daß er lange bei Ihnen bleibt, kommt in Ihren Bereich.

a) Sie haben im Augenblick leider keine Zeit und versprechen ihm, sich später mit ihm zu unterhalten. Sie schicken ihn weiter zu einem Mitarbeiter, der sich um ihn kümmern soll – wenn er Zeit hat.

b) Sie nehmen sich Zeit für den Neuen, erkundigen sich nach seinem Werdegang, seinen Erfahrungen und Interessen und geben ihm einen Überblick über die Arbeit im Bereich. Da Sie viele Aufgaben zu erfüllen haben, bringen Sie ihn zu einem erfahrenen Mitarbeiter, der ihm alles ausführlich erklären und den übrigen Betriebskollegen vorstellen soll. Nach einigen Tagen überzeugen Sie sich, ob sich der neue Mitarbeiter eingewöhnt hat und sich im Betrieb wohl fühlt.

c) Sie nehmen sich Zeit für den neuen Mitarbeiter und erklären ihm ausgiebig alles, was er für seine Arbeit braucht. Sie versuchen, ihm innerhalb kurzer Zeit möglichst alle Kenntnisse zu vermitteln. Sie kontrollieren nicht, ob er in der Lage ist, die Arbeit selbständig auszuführen. Sie haben es ihm einmal erklärt und werden Fehler schon irgendwie erfahren.

9. Fall: Initiative und Verbesserungen

Ein Mitarbeiter arbeitet an einer Stanzmaschine. Er hat eine Idee, wie er die Arbeit vereinfachen könnte. Einige technische Umstellungen sind dazu aber erforderlich. Der Meister setzt sich dafür ein und erreicht, daß der Arbeitsplatz entsprechend geändert wird. Er spricht dem Mitarbeiter seine Anerkennung aus und erwähnt im Gespräch die Absicht, über diese Arbeitsvereinfachung einen schriftlichen Bericht zu geben. „Vielleicht haben auch andere Abteilungen etwas davon." Der Mitarbeiter findet nun, er könne für seinen Vorschlag eine Prämie erwarten. Der Meister aber lehnt ab: „Nee, mein Lieber, von einem tüchtigen Mitarbeiter kann ich verlangen, daß er sich für seinen eigenen Arbeitsplatz etwas einfallen läßt, ohne gleich Geld dafür zu verlangen."

Wie denken Sie als Mitarbeiter über diesen Vorgesetzten?

a) Mitdenken im Rahmen meiner Arbeit ist eine Selbstverständlichkeit. Wenn es auch dem einen oder anderen Kollegen nutzt, um so besser.

b) Mißgünstiger Knauser, hat nur das Firmeninteresse im Auge. Nie wieder denke ich mir was aus.

c) Der Meister hätte mich auffordern müssen, die Verbesserung als Vorschlag schriftlich einzureichen. Dann hätte ich sicher eine Prämie erhalten.

10. Fall: Fehlhandlung

Ein Gruppenführer hat sich beim Anfahren einer Maschine fahrlässig verhalten, dadurch einen Mitarbeiter verletzt und Schäden verursacht. Was machen Sie mit ihm?

a) Sie erteilen dem Mitarbeiter eine ernste Verwarnung und ermahnen ihn, sich in Zukunft sorgfältiger zu verhalten.

b) Da der Gruppenführer allein für den Fehler verantwortlich ist, lösen Sie ihn von seinem Posten ab und versetzen ihn in eine andere Abteilung.

c) Da Personalknappheit besteht, ein Nachfolger nicht ausgebildet ist und überdies dieser Mitarbeiter nur selten Fehler machte, lassen Sie alles beim alten.

11. Fall: Unpünktlichkeit

In Ihrer Abteilung fällt ein Angestellter dadurch auf, daß er regelmäßig zu spät kommt, immer montags. Sie selbst haben ihn durch Ihr Vorbild nicht dazu verleitet, da Sie stets pünktlich erscheinen.

Was unternehmen Sie, um ihn zu einem pünktlichen Arbeitsbeginn zu veranlassen?

a) Sie erwarten ihn an einem Montag an seinem Arbeitsplatz und stellen ihn in Gegenwart seiner Kollegen zur Rede. Dabei ermahnen Sie ihn eindringlich, sich zu bessern und zukünftig pünktlich zu erscheinen.

b) Sie weisen ihn unter vier Augen auf sein mangelhaftes Verhalten hin. Dabei bringen Sie zum Ausdruck, daß Sie sein Verhalten als einen schlechten Charakterzug ansähen. Sie müßten annehmen, daß er sich in anderen Dingen ebenso unzuverlässig verhält. Da er den Kollegen ein schlechtes Beispiel gäbe, würde er, wenn er sich nicht bessert, die Konsequenzen zu tragen haben.

c) Sie rufen Ihren Mitarbeiter zu sich und fragen ihn nach den Gründen seiner Unpünktlichkeit. Auch wenn er einen subjektiv verständlichen Grund angibt, erklären Sie ihm, daß er zukünftig pünktlich erscheinen müsse. Sie weisen ihn auf sein unkollegiales Verhalten hin und versuchen, ihm die Folgen klarzumachen, die seine mangelnde Arbeitsdisziplin haben kann, wenn alle Mitarbeiter sich ähnlich verhielten.

12. Fall: Freisetzung

In Ihrem Bereich kann durch rationellere Arbeitsweise ein Arbeitsplatz eingespart und ein Mitarbeiter in einer anderen Abteilung unter gleichen fachlichen Voraussetzungen beschäftigt werden. Welchen Ihrer Mitarbeiter, die alle gleichwertige Tätigkeiten ausüben, wählen Sie für eine Versetzung aus?

a) Ihre Wahl fällt auf einen jungen und tüchtigen Mitarbeiter, der sich gerade richtig eingearbeitet hat und eine wertvolle Kraft für Sie ist. Sie erwarten, daß er in einer anderen Abteilung einen guten, entwicklungsfähigen Arbeitsplatz erhält, auf dem er gleichfalls wie bei Ihnen gute Arbeit leistet.

b) Sie entscheiden sich für einen Mitarbeiter, den Sie schon längst los sein wollten, weil er ständig nörgelt und so das Arbeitsklima in Ihrem Bereich stört.

c) Sie wählen einen älteren, kränklichen Mitarbeiter, der infolge von Krankheit bereits längere Zeit gefehlt hat und keine vollwertige Arbeitskraft mehr darstellt.

13. Fall: Schwänzen des Berufsschulunterrichts

Auszubildende aus Ihrem Bereich müssen Montag- und Donnerstagvormittag zur Berufsschule. Die jungen Leute hatten besprochen, einen Vormittag „blau" zu machen und so zum Dienst zu erscheinen, als hätten sie Berufsschulunterricht gehabt: um 14 Uhr. Zwei der Jungen plagte das schlechte Gewissen. Sie erschienen zum normalen Dienstbeginn um 7.30 Uhr (Dadurch kam die ganze Sache ans Licht). Wie reagieren Sie?

a) Alle Jungen müssen 6 Stunden nacharbeiten und erhalten eine Verwarnung, weil sie ohne Grund der Arbeit ferngeblieben waren.

b) Allen wird eine Strafpredigt gehalten. Im übrigen drückt man ein Auge zu, weil man das Fernbleiben als Jungenstreich ansieht.

c) Die beiden zum Dienst erschienenen jungen Mitarbeiter werden nicht zur Rede gestellt. Von jedem der anderen verlangt man eine Rechtfertigung; können stichhaltige Gründe für das Fernbleiben von der Arbeit nicht angegeben werden, erhalten sie eine schriftliche Ermahnung und müssen die ausgefallene Zeit nacharbeiten.

14. Fall: Beatlefrisur

Die Moden wechseln. Angeregt durch Popstars als Leitbilder läßt sich ein sonst sehr ordentlicher Auszubildender seine Haare sehr lang wachsen. Er ist der einzige innerhalb der ganzen Gruppe. Bei Arbeiten an Maschinen sind lange Haare gefährlich, besonders an der Drehbank.

a) Sie befehlen dem Auszubildenden, zum Friseur zu gehen und sich die Haare auf eine bestimmte Länge schneiden zu lassen.

b) Sie verlangen von ihm, daß er bei ihn gefährdenden Arbeiten einen Schutzhelm trägt und darunter seine Haare so verstaut, daß es den Sicherheitsbestimmungen genügt.

c) Sie drohen ihm mit einer Lösung des Ausbildungsverhältnisses, weil Sie unter den gegebenen Umständen die vorgesehene Ausbildung des Auszubildenden nicht gewährleisten können, da Ihnen der Einsatz an Maschinen zu riskant ist.

15. Fall: Tätigkeitsbericht

Der über jeden Ausbildungsabschnitt anzufertigende Tätigkeitsbericht wird von einem Auszubildenden zum ersten Mal nicht bis zum genannten Termin abgegeben.

a) Sie rufen ihn zu sich und bitten um eine Erklärung, warum der Bericht nicht eingereicht wurde. Erst danach entscheiden Sie, ob Sie milde oder streng verfahren.
b) Sie halten dem Auszubildenden eine Strafpredigt und erteilen ihm anschließend eine mündliche Ermahnung.
c) Sie setzen ihm sofort einen Nachtermin.

16. Fall: Stellenbeschreibung

Sie sollen Stellenbeschreibungen für die Arbeitsplätze Ihrer Mitarbeiter anfertigen:

a) Sie informieren Ihre Mitarbeiter über das vorliegende System und seine Grundsätze und fordern sie auf, beim Anfertigen von Stellenbeschreibungen und bei Gestaltung ihrer Arbeitsplätze mitzuarbeiten, indem sie ihre Tätigkeiten selbst beschreiben und eigene Vorschläge zur Arbeitsplatzänderung machen.
b) Sie beschreiben diese Stellen selbst, da Sie am besten wissen, was im einzelnen in Ihrem Bereich gemacht werden soll.
c) Sie fordern einen geeigneten Mitarbeiter Ihres Bereiches auf, die Stellenbeschreibungen zu entwerfen und mit Ihnen abzustimmen.

17. Fall: Delegation von Entscheidungsbefugnissen:

Der Schriftwechsel in Ihrem Bereich wird Ihnen nicht pünktlich und zuverlässig genug bearbeitet:

a) Sie prüfen alle eingehende und ausgehende Post, um wichtige Dinge herauszufinden und deren richtige Erledigung zu sichern.
b) Sie überlassen es Ihren Sachbearbeitern, die Post selbständig zu erledigen, Sie über wichtige Dinge zu informieren und Ihnen außergewöhnliche Fälle zur Entscheidung vorzulegen.
c) Sie beauftragen Ihre Sekretärin, die Post zu sortieren und Ihnen die ihr wesentlich erscheinenden Briefe vorzulegen, bevor diese den Sachbearbeitern zugeleitet werden.

18. Fall: Kostenbewußtsein und Konzentrationsfähigkeit

Sie sollen über den Mitarbeiter Kniesenbeck ein Urteil zu den Kriterien 1) Kostenbewußtsein und 2) Konzentrationsfähigkeit abgeben. Sie haben im Laufe des Jahres folgende Beobachtungen notiert:

15. 1. zu spät (30 Min.), Autounfall, K. schuldig.

16. 1. K. bestellt 3 neue Kugelschreiber.

16. 3. K. wirft einseitig bedruckte alte Rundschreiben weg; warum benutzt er die Rückseite nicht als „Schmierpapier"?

25. 4. K. saß heute um 10.00 Uhr auf seinem Stuhl und träumte vor sich hin (Schreibtisch liegt voller Arbeit).

29. 4. K. macht Verbesserungsvorschlag, Benutzung eines Formulars (spart ca. 25 % Arbeitszeit einer Kollegin, so daß diese mit neu hinzugekommenen Aufgaben beschäftigt werden kann).

30. 5. K. schlägt vor, die Raumpflege durch ein Reinigungsunternehmen durchführen zu lassen, wesentliche Kostenersparnis.

2. 6. In der von K. kontrollierten Rechnung waren 2 Rechenfehler.

12. 7. Man erzählt sich, K. habe seiner Frau einen Nerzmantel gekauft.

Welche Urteile halten Sie für richtig:

1) erzielt Ersparnisse durch Verbesserung der Arbeitsabläufe,

1a) arbeitet konzentriert und der Sache zugewendet,

2) Kostenbewußtsein wenig entwickelt,

2a) wenig konzentriert, denkt zuviel an Dinge außerhalb der Arbeit,

3) hoher Materialverbrauch durch unwirtschaftliche Arbeitsweise,

3a) beachtet nicht immer alles, läßt sich gelegentlich ablenken.

Empfohlene Lösungen aller Fallbeispiele

1 c	11 c
2 c	12 a
3 b	13 c
4 b	14 b
5 b	15 a
6 b	16 a
7 c	17 b
8 b	18 = 1 + 1a
9 c	
10 a	

Anhang

Leser der ersten Auflagen dieses Taschenbuches wiesen darauf hin, daß diese Darstellung der Führungstechnik durch konkrete Führungsanweisungen ergänzt werden sollte.

Diesem Wunsch folgend werden zuerst einfache Führungsgrundsätze abgedruckt, wie sie ursprünglich bei den Hamburger Electricitäts-Werken entwickelt wurden. Unternehmensleitungen verschiedenster Branchen und Größen wenden sie inzwischen an.

Da diese Grundsätze aber sehr allgemein gehalten sind, werden sie hier durch den Text der „Leitlinien für die Führung und Zusammenarbeit in der Reemtsma-Gruppe" konkretisiert.

Auch in den letzten Jahren entschlossen sich Firmenleitungen – besonders großer Unternehmen – Führungsgrundsätze, -richtlinien oder -systeme zu praktizieren. Sie hatten damit in den meisten Fällen Erfolg. Aus Befragungen und Untersuchungen sind die am häufigsten vorkommenden Führungsfehler bekannt. Auch sie werden im folgenden auszugsweise genannt.

I. Einfache Führungsgrundsätze

Als Vorgesetzter haben Sie die Aufgabe, die Arbeit in Übereinstimmung mit dem Unternehmensziel zu planen, zu organisieren und zu überwachen. Widmen Sie sich nicht nur der Gegenwart, sondern auch der Zukunft Ihres Bereiches. Delegieren Sie Routineaufgaben soweit wie möglich und entwickeln Sie Ideen, wie man die Arbeit noch besser ausführen kann.

Ihre Bemühungen werden aber keinen befriedigenden Erfolg haben, wenn es Ihnen nicht gelingt, Ihre Mitarbeiter an diesen Aufgaben zu interessieren und eine gute Arbeitsatmosphäre zu schaffen.

Vorbild sein

Lassen Sie Forderungen, die an Ihre Mitarbeiter hinsichtlich der Leistungsbereitschaft, Arbeitsdisziplin, Zuverlässigkeit und Weiterbildung gestellt werden, auch für sich gelten. Bemühen Sie sich wie jeder andere Mitarbeiter, etwaige Schwächen Ihrer eigenen Arbeit und Ihres Führungsverhaltens zu beseitigen. Ihre Führungsweise überzeugt nur, wenn Sie selbst mit gutem Beispiel vorangehen!

Gerecht entscheiden

Alle Personalentscheidungen müssen gerecht sein. Als Führungskraft dürfen Sie sich bei Personalfragen nicht vom Ressortegoismus leiten lassen. Treffen Sie Ihre Entscheidungen vielmehr nach den im ganzen Unternehmen geltenden Maßstäben. Prüfen Sie auch, ob die von Ihnen angestrebte Lösung – etwa bei Gehaltsfragen, Urlaubsregelungen – nicht zu Ungerechtigkeiten gegenüber Mitarbeitern anderer Bereiche führt. Orientieren Sie sich vorher beim Personal- und Sozialwesen, wenn Sie nicht ganz sicher sind, ob Ihre Entscheidung mit der Personal- und Sozialpolitik Ihres Hauses vereinbar ist.

Dem Tüchtigen Vorrang geben

Geben Sie bei Ihren Personalentscheidungen – z. B. bei Gehaltsaufbesserungen, Besetzung von Arbeitsplätzen – demjenigen den Vorrang, der bei der nötigen charakterlichen Eignung bisher die beste Leistung und die größte Initiative sowohl bei seiner Tätigkeit als auch bei der Weiterbildung gezeigt hat. Bei gleichwertigen Mitarbeitern können Sie auch Betriebszugehörigkeit und Alter als Auswahlkriterien berücksichtigen.

Fehlbesetzungen von Führungspositionen wirken sich besonders nachhaltig auf die Zusammenarbeit und somit auch auf das Arbeitsergebnis Ihres Bereiches aus. Überdenken Sie also in diesen Fällen Ihre Entscheidungen oder Empfehlungen sehr sorgfältig. Eine noch so hohe fachliche Qualifikation des Bewerbers kann die fehlende Führungseignung nicht ersetzen. Die Befolgung des Leistungsprinzips mag manchmal zu scheinbaren Härten führen. Übertriebene Rücksichtnahme auf einzelne bedeutet aber in der Regel Ungerechtigkeit gegenüber anderen. Belassen Sie einen Ungeeigneten in einer bestimmten Position, so verhindern Sie damit den Aufstieg tüchtigerer Mitarbeiter.

Gründlich informieren – Durch offene Aussprache klären

Eine fruchtbare Zusammenarbeit zwischen Vorgesetzten und Mitarbeitern entsteht nur bei gegenseitiger Information und offener Aussprache.

Niemand kann Ihnen die Entscheidungen abnehmen, die Sie als Vorgesetzter für Ihren Bereich fällen müssen. Ihre Mitarbeiter werden aber mehr an der Arbeit interessiert sein, wenn Ihre Entscheidungen nach vorheriger Information und Diskussion zustandekommen. Nutzen Sie also jede Gelegenheit hierzu, insbesondere vor einschneidenden organisatorischen und personellen Änderungen. Begründen Sie jede wichtige Anweisung an Ihre Mitarbeiter.

Informieren Sie möglichst umfassend. Ihre Mitarbeiter wollen mehr wissen als das, was sie zur Ausführung ihrer speziellen Tätigkeit benötigen. Lassen Sie Ihre Mitarbeiter auch Anteil haben an dem allgemeinen betrieblichen Geschehen. Ermuntern Sie Ihre Mitarbeiter zur Offenheit. Konstruktive Kritik darf nicht unterdrückt, sondern muß gefördert werden. Verargen Sie es Ihren Mitarbeitern nicht, wenn sie sich mit ihren Sorgen und mit Kritik gegebenenfalls auch an höhere Vorgesetzte und an andere zuständige Stellen wenden. Der Versuch, im eigenen Geschäftsbereich eine Klärung herbeizuführen, sollte jedoch für alle Beteiligten immer an erster Stelle stehen.

Unterrichten Sie Ihre Mitarbeiter über deren Stärken und Schwächen, so wie Sie sie sehen. Warten Sie nicht erst den Zeitpunkt ab, bei dem die nächste schriftliche Beurteilung ansteht.

Der Grundsatz der Offenheit und der gegenseitigen Unterrichtung gilt nicht zuletzt auch für die Beziehungen zwischen Vorgesetzten und Arbeitnehmervertretern. Informieren Sie sich über die Rechte und Pflichten der Arbeitnehmervertreter und bemühen Sie sich um deren Mitarbeit.

Mitarbeiter fördern

Ihre Aufgabe erschöpft sich nicht darin, Fehlleistungen Ihrer Mitarbeiter zu verhindern. Von einem guten Vorgesetzten wird vielmehr erwartet, daß er Begabungen erkennt und entsprechend fördert.

Geben Sie Ihren Mitarbeitern Gelegenheit, sich bei steigenden Anforderungen und wachsender Verantwortung zu bewähren. Setzen Sie Ihren Mitarbeitern Ziele.

Unterrichten Sie Ihre Mitarbeiter von Zeit zu Zeit über deren Leistungsstand und Entwicklungsmöglichkeiten, damit sie an sich weiterarbeiten und vorhandene Schwächen beseitigen können. Verschweigen Sie keine Mängel. Sie dienen damit weder dem Unternehmen noch dem Mitarbeiter. Sie schieben nur Enttäuschungen auf.

Prüfen Sie vor jeder Besetzung eines Arbeitsplatzes zusammen mit Ihrem Vorgesetzten und der Personalabteilung, ob ein geeigneter, förderungswürdiger Mitarbeiter im Unternehmen zu finden ist. Erst wenn die Suche vergeblich war, soll eine Neueinstellung von außen erwogen werden.

Stellen Sie bereitwillig gute Mitarbeiter anderen Bereichen zur Verfügung, sofern für diese an ihrem jetzigen Arbeitsplatz keine entsprechenden Entwicklungsmöglichkeiten gegeben sind.

Geben Sie Mitarbeitern, die von anderen Bereichen infolge Rationalisierung oder Umorganisation freigestellt wurden, neue Chancen, auch wenn dies mit der Mühe einer längeren Einarbeitungs- oder Ausbildungszeit verbunden und daher nicht der bequemste Weg der Personalbeschaffung ist.

Mitarbeiter wirtschaftlich einsetzen und kontrollieren

Von Ihnen wird erwartet, daß Sie im Hinblick auf die Zielsetzung des Unternehmens bemüht sind, Ihre Aufgabe mit dem geringstmöglichen Personalaufwand zu bewältigen. Eine personelle Überbesetzung wirkt sich auch auf die Arbeitsfreude und den Leistungswillen Ihrer Mitarbeiter ungünstig aus.

Zu Ihren wichtigsten und nicht übertragbaren Verpflichtungen gehört die Arbeitskontrolle. Es kann allerdings nicht Ihre Aufgabe sein, den Mitarbeitern bei ihrer Tätigkeit jederzeit über die Schultern zu blicken. Lassen Sie Ihre Mitarbeiter im vorgegebenen Rahmen selbständig arbeiten und beschränken Sie Ihre Kontrolle auf Stichproben und auf die Überprüfung des Arbeitsergebnisses.

Organisation festlegen, Stellvertreter- und Nachfolgerfrage klären

Stecken Sie die Zuständigkeiten und Vollmachten Ihrer Mitarbeiter klar ab und geben Sie eindeutige Anweisungen. Für den Fall Ihrer Abwesenheit muß ein Stellvertreter benannt sein, der die volle Entscheidungsgewalt besitzt. Zu Ihren Verpflichtungen gehört ferner, rechtzeitig (spätestens drei Jahre vor dem Ausscheiden aus Ihrem jetzigen Bereich) die Frage Ihrer Nachfolge aufzuwerfen und mit den zuständigen Stellen und Vorgesetzten zu klären. Unterstehen Ihnen Führungskräfte, die in absehbarer Zeit ausscheiden oder versetzt werden, so sollten Sie der Nachfolge dieser Mitarbeiter besondere Aufmerksamkeit schenken.

Gesundheit der Mitarbeiter erhalten

Als Vorgesetzter haben Sie dafür zu sorgen, daß die Gesundheit der Ihnen anvertrauten Mitarbeiter nicht gefährdet wird. Sie sind dafür verantwortlich, daß in Ihrem Bereich die Sicherheitsvorschriften bekanntgegeben und ausgeführt werden. Übertragen Sie Ihren Mitarbeitern keine Arbeiten, denen diese gesundheitlich nicht gewachsen sind.

Gesundheitsdienst, Sicherheitswesen und Betriebsrat unterstützen Sie bei diesen Aufgaben.

Ohne Verzögerung entscheiden

Zögern Sie Ihre Entscheidungen nicht unnötig hinaus. Das beeinträchtigt nicht nur den betrieblichen Ablauf, sondern läßt auch bei Ihren Mitarbeitern den Eindruck entstehen, daß Sie sich wahrscheinlich für deren persönliche Anliegen entsprechend zaghaft einsetzen.

Zusammenarbeiten

Denken Sie daran:
Ihr Bereich mag noch so groß und bedeutend sein, immer bleibt er doch nur ein Teil des Ganzen. Erst im „Zusammenspiel“ aller Teile kommt er zur Geltung.

Von Ihnen wird daher erwartet, daß Sie als Führungskraft in enger Zusammenarbeit mit anderen Bereichen immer bemüht sind, anstehende Probleme unter Zurückstellung des Ressortinteresses in der für das Unternehmen besten Weise zu lösen.

II. Leitlinien für die Führung und Zusammenarbeit

1. Vorwort

Die Unternehmen der Reemtsma-Gruppe haben sich die weitere Sicherung und die Verbesserung ihres Unternehmenserfolges zum Ziel gesetzt.

Dieser Erfolg allein schafft die Voraussetzung dafür, daß den berechtigten Erwartungen der Gesellschafter und der Mitarbeiter sowie den Verpflichtungen gegenüber der Öffentlichkeit entsprochen werden kann.

Er wird in unserer marktwirtschaftlichen Ordnung erst möglich durch stetig verbesserte Produktangebote und die entschlossene Stärkung der Marktstellung.

Nur durch gemeinsame Anstrengungen aller, der Mitarbeiter wie der Führungskräfte, und in vertrauensvoller Zusammenarbeit mit den Vertretungen der Mitarbeiter werden diese Ziele erreicht.

Gleichzeitig verlangt die Erfüllung dieser Aufgaben in einem gewandelten sozialen Umfeld von allen Beteiligten auf dem Gebiet der Führung und Zusammenarbeit heute mehr und anderes als früher.

Die Leitlinien sollen Mitarbeitern und Führungskräften dabei helfen, diesen veränderten Anforderungen gerecht zu werden. Sie sollen die Zusammenarbeit innerhalb und zwischen den Unternehmen der Gruppe fördern. Sie stellen einen verbindlichen Handlungsrahmen für alle dar.

In den Leitlinien ist viel Bewährtes übernommen, aber auch Neues hinzugefügt worden. Die Ergebnisse der gemeinsamen Überlegungen des Vorstandes und des mit der Erarbeitung beauftragten Arbeitskreises aus Führungskräften und Mitarbeitern fanden auch bei den Vertretungen der Mitarbeiter Zustimmung.

Die Leitlinien für die Führung und Zusammenarbeit in der Reemtsma-Gruppe gelten für alle: Unternehmensleitungen, Führungskräfte und Mitarbeiter. Wir alle sind aufgerufen, sie in der Praxis unserer täglichen Arbeit mit Leben zu erfüllen.

2. Kooperativer Führungsstil – Grundlage für Führung und Zusammenarbeit

Wir sind überzeugt, daß ein kooperativer Führungsstil den heutigen Anforderungen an Führung und Zusammenarbeit in den Unternehmen am besten gerecht wird.

Mit einem kooperativen Führungsstil erreichen wir
- wirkungsvolle, von Verantwortung getragene, zielgerichtete Leistung und
- persönliche Arbeitszufriedenheit der Mitarbeiter.

Kooperatives Führen verlangt von Führungskräften und Mitarbeitern:

- zielbewußtes, einsatzfreudiges Handeln
- Mut und Zivilcourage
- Durchsetzungswillen
- Ideenreichtum und Initiative
- Offenheit und Fairneß
- Achtung vor der Persönlichkeit des anderen

Der Inhalt der kooperativen Führung ist in den folgenden Kernsätzen zusammengefaßt.

3. Kernsätze der kooperativen Führung

Ziele

Wir wollen den Erfolg für unser Unternehmen. Erfolg ist nur durch zielgerechtes Handeln erreichbar. Jeder muß die Ziele seines Handelns kennen und sich für ihre Verwirklichung einsetzen.

– Ziele festlegen – Anfang der gemeinsamen Arbeit.

Delegation

Wir wollen an der Lösung der betrieblichen Aufgaben mitarbeiten, jeder an seinem Platz. Jeder soll möglichst selbständig arbeiten und entscheiden. Aber auch Verantwortung tragen.

– Verantwortung übertragen – Herausforderung für uns alle.

Information

Wir wollen offene und partnerschaftliche Zusammenarbeit. Das setzt bei Arbeitsteilung und Delegation ausreichende Information voraus.

– Informieren – Voraussetzung für erfolgreiche Zusammenarbeit.

Entscheidung

Wir wollen klare, verbindliche und zielgerichtete Entscheidungen. Das verlangt Koordination und Zusammenarbeit unter Mitwirkung aller, die sachliche Beiträge leisten können.

– Entscheidungen treffen – Zusammenarbeit sicherstellen.

Kontrolle

Wir wollen den selbständig handelnden, eigenverantwortlichen Mitarbeiter. Zur Ergebnisbewertung ist Kontrolle notwendig. Sie ist Information und Hilfe zugleich.

– Kontrollieren – Ergebnisbewertung und Hilfe

Beurteilung

Wir wollen jeden Mitarbeiter seinen Fähigkeiten entsprechend einsetzen. Das setzt Beurteilung voraus. Hierauf bauen auch Anerkennung und Kritik auf.

– Beurteilen – Anerkennung und Kritik.

Fördern

Wir wollen leistungsfähige Mitarbeiter. Dazu gehören Förderung und Unterstützung, wo immer es möglich ist.

– Fördern und helfen – Leistungskraft stärken.

4. Erläuterungen zu den Kernsätzen

Kooperatives Führen ist – das zeigen die Kernsätze – eine anspruchsvolle Aufgabe. Es verlangt:

- die Ziele des Unternehmens
- mit den Erwartungen und Bedürfnissen der Mitarbeiter
- und die aus den Zielen abzuleitenden Aufgaben
- mit den Fähigkeiten, Kenntnissen und Erfahrungen der Mitarbeiter

soweit wie möglich in Einklang zu bringen. Je besser das gelingt, desto erfolgreicher wird die Arbeit für die Unternehmen wie für alle Mitarbeiter sein.

Darauf also kommt es an: Die Arbeitsziele mit den Fähigkeiten und Bedürfnissen sinnvoll zu verbinden. Hierin liegt die Herausforderung für uns alle.

Die Kernsätze sind Inhalt und Maßstab kooperativer Führung. Sie gewinnen Leben erst durch die Anwendung in der täglichen Arbeit. Dabei sollen die folgenden Erläuterungen helfen.

A. Ziele festlegen – Anfang der gemeinsamen Arbeit

– Ziele müssen für Fach- und Führungsaufgaben bekannt sein.

Nur dann weiß der einzelne, was er zu tun hat und woran er und andere seine Leistungen messen können.

Jeder ist dafür verantwortlich, daß die für ihn geltenden Ziele erreicht werden.

- Die Führungskräfte beteiligen – wo immer das möglich und sinnvoll ist – ihre Mitarbeiter an der Erarbeitung bzw. Ableitung der jeweiligen Teilziele. Die Führungskräfte unterrichten ihre Mitarbeiter auch über übergeordnete Ziele und bereits feststehende Zielvorgaben. So erkennen die Mitarbeiter, in welchem Rahmen sie tätig werden und welchen Beitrag sie zur Zielerreichung insgesamt leisten. Verantwortlich für die Festlegung der Ziele bleibt jedoch letztlich die Führungskraft.
- Ziele müssen eindeutig bestimmt und möglichst in meßbaren Größen (Menge, Güte, Zeitpunkt, Kosten) ausgedrückt werden. Die Führungskräfte berücksichtigen bei der gemeinsamen Zielerarbeitung im Rahmen des Möglichen die persönliche Eignung ihrer Mitarbeiter. Die Mitarbeiter sollen durch hochgesteckte, aber doch erreichbare Ziele gefordert werden.
- Sofern sich die Voraussetzungen ändern, müssen diese Ziele gemeinsam überprüft und gegebenenfalls angepaßt werden.

B. Verantwortung übertragen – Herausforderung für uns alle

- Führungskräfte sollen Aufgaben zur selbständigen Erledigung und Entscheidung an die Mitarbeiter übertragen, von denen erwartet werden kann, daß sie über die erforderliche Sachkompetenz verfügen. Hierzu müssen die Verantwortungsbereiche abgegrenzt und die erforderlichen Befugnisse eingeräumt werden.
- Übertragbar ist nur die Handlungsverantwortung, das Einstehenmüssen für die zielgerechte Sacherledigung.

  Dagegen ist die Führungsverantwortung – richtige Auswahl, Information, Kontrolle und Beurteilung der Mitarbeiter – für die unmittelbar zugeordneten Mitarbeiter nicht übertragbar.
- Für das Erledigen der Aufgaben steht der Mitarbeiter mit seinen Kräften, Fähigkeiten und Kenntnissen ein.

Aus dem Recht, Aufgaben eigenständig zu erledigen, leitet sich die Pflicht ab, Initiativen zu entwickeln, mitzudenken und wirtschaftlich mit den einzusetzenden Mitteln umzugehen. Führungskräfte sollen hierzu ermuntern, Kreativität fördern und Tatkraft unterstützen. Sie sollen Kenntnisse, Fähigkeiten und Erfahrungen ihrer Mitarbeiter für das Unternehmen nutzen, ohne sie zu über- oder zu unterfordern.

- Führungskräfte greifen in die Verantwortungsbereiche ihrer Mitarbeiter nur in Ausnahmefällen ein (Rücknahme der Delegation), z. B. wenn ein Scheitern oder hohe Risiken drohen. Sie müssen ihr Eingreifen begründen.
- Führungskräfte sollen annehmbare Lösungen ihrer Mitarbeiter gelten lassen, auch wenn sie selbst möglicherweise anders entschieden hätten.

C. Informieren – Voraussetzung für erfolgreiche Zusammenarbeit

- Führungskräfte müssen ihren Mitarbeitern rechtzeitig und umfassend die Informationen geben, die zur Erfüllung der Aufgaben erforderlich sind. So vermindert sich die Gefahr von Fehlentscheidungen.
- Das Wissen um betriebliche Zusammenhänge, Hintergründe und Notwendigkeiten fördert das Interesse an der Arbeit und die Verbundenheit mit dem Unternehmen. Information soll deshalb über das hinausgehen, was zur Erledigung der Aufgaben unbedingt erforderlich ist.
- Führungskräfte und Mitarbeiter sind jedoch bei unzureichendem Informationsstand verpflichtet, sich selbst um Informationen zu bemühen. Dabei können alle Stellen angesprochen werden, die über die notwendigen Informationen verfügen.
- Auch die Mitarbeiter müssen ihre Führungskräfte sowie gegebenenfalls auch andere Stellen über wesentliche Entwicklungen, Vorgänge und Entscheidungen in ihrem Arbeitsbereich informieren.
- Es kann nicht jeder über alles informiert werden. Eine Informations-Überflutung soll vermieden werden. Auch muß im Interesse des Unternehmens Vertraulichkeit gewahrt werden.

– Ein guter Weg zur gegenseitigen Information ist das Gespräch; das offene Gespräch fördert die Zusammenarbeit, läßt Verständnis für die Probleme anderer entstehen und ist die Grundlage für gegenseitiges Vertrauen.

D. Entscheidungen treffen – Zusammenarbeit sicherstellen

– Jeder trifft in dem ihm übertragenen Aufgabenbereich die erforderlichen Entscheidungen in eigener Verantwortung. Entscheidungen sollen in angemessener Zeit, klar und verbindlich gefällt werden. Sie sollen jederzeit begründet werden können.

  Vor allem bei schwierigen und vielschichtigen Entscheidungen sollen diejenigen ohne Rücksicht auf ihre Funktion zur Beratung herangezogen werden, die auf Grund ihrer Sachkenntnis zur Entscheidung beitragen können.

– Führungskräfte dürfen nur in Ausnahmefällen im Verantwortungsbereich ihrer Mitarbeiter entscheiden. Sie sollen solche Entscheidungen möglichst mit ihnen abstimmen; sie müssen die Mitarbeiter jedoch auf jeden Fall über die getroffene Entscheidung unterrichten.

  In schwierigen Situationen sollen sich Mitarbeiter rechtzeitig mit ihren Führungskräften beraten. Hierdurch darf jedoch nicht ständig die Verantwortung auf die Führungskräfte zurückübertragen werden (Rückdelegation).

– Entscheidungen müssen von allen Mitarbeitern – gleich ob sie diesen Entscheidungen zustimmen oder nicht – loyal vertreten werden.

  Bei veränderten Umständen müssen Mut und Bereitschaft vorhanden sein, getroffene Entscheidungen zu revidieren.

– Das Vorbild der Führungskraft wird wesentlich die Einstellung der Mitarbeiter und ihre Bereitschaft zur Zusammenarbeit prägen. Aufgabe der Führungskräfte ist es, Tätigkeiten und Entscheidungen aufeinander abzustimmen und über Bereichsgrenzen hinweg auf das gemeinsame Ziel, die gemeinsame Leistung, zu richten.

E. Kontrollieren – Ergebnisbewertung und Hilfe

- Ohne Kontrolle lassen sich Ziele nicht sicher erreichen. Kontrolle ist kein Mißtrauensbeweis; sie ist zur Steuerung von Arbeitsabläufen und Verhaltensweisen auf allen Ebenen erforderlich.
- Führungskräfte sollen nicht nur kontrollieren, wie die Mitarbeiter ihre Sachfragen erledigt haben. Sie sollen sich auch davon überzeugen, wie – falls gegeben – Führungsaufgaben wahrgenommen werden.
- Unangemessene, allzu häufige Kontrollen müssen vermieden werden.
- Ergebnisse von Kontrollen werden besprochen, gute Ergebnisse ebenso wie Fehler und Mängel.
- Kontrolle als Hilfe und Anleitung fördert den Mitarbeiter. Sie soll mehr und mehr zur Eigenkontrolle hinführen.

F. Beurteilen – Anerkennung und Kritik

- Mitarbeiter haben Anspruch auf sachgerechte Beurteilung. Sie sollen jedoch auch den Mut haben, ihre Meinung zur Beurteilung offen zu sagen. Die Führungskraft muß bereit sein, ihre Beurteilung zu überdenken.
- Zur Beurteilung sollen regelmäßig Gespräche stattfinden, die den Mitarbeitern Klarheit darüber verschaffen, wie sie und ihre Leistungen eingeschätzt werden. Das läßt Mißtrauen nicht erst aufkommen.
- Die Beurteilung bildet die Grundlage für den richtigen Einsatz und das Ausmaß der an die Mitarbeiter zu übertragenden Verantwortung. Sie ist auch Grundlage der Mitarbeiter-Förderung.
- Die Ergebnisse der Beurteilung schlagen sich in Anerkennung und Kritik nieder. Die Beurteilung der Leistung und des Verhaltens soll abgewogen sein. Sie soll besonders die Stärken hervorheben und Hinweise geben, wie mögliche Schwächen abgebaut werden können.

Wenn Kritik angebracht ist, soll sie sachlich begründet sein und nicht entmutigen: Beurteilen heißt nicht verurteilen. Fühlt sich ein Mitarbeiter von seiner Führungskraft ungerecht behandelt, sollte er versuchen, in offener Aussprache eine Klärung herbeizuführen.

– Jede Führungskraft sollte auch ihr eigenes Führungsverhalten kritisch überprüfen und sich dem Urteil der Mitarbeiter stellen. Aufrichtigkeit und kritisches Mitdenken der Mitarbeiter verdienen Anerkennung.

G. Fördern und helfen – Leistungskraft stärken

– Mitarbeiter sollen in ihrer fachlichen Entwicklung und Weiterbildung gefördert werden, damit sie ihre Aufgaben noch besser erfüllen oder andere, schwierigere Tätigkeiten übernehmen können. Dies stärkt die Leistungskraft des einzelnen und fördert das Unternehmen.

– Die Führungskräfte sollen die Bereitschaft ihrer Mitarbeiter zur Weiterbildung unterstützen. Die Mitarbeiter müssen jedoch auch selbst an sich arbeiten und zusätzliche Belastungen auf sich nehmen.

– Förderung kann auch durch die Übertragung schwierigerer Aufgaben erfolgen. Stehen für geeignete Mitarbeiter keine Positionen im eigenen Bereich zur Verfügung, ist die Möglichkeit eines anderweitigen Einsatzes in anderen Bereichen zu prüfen.

– Über die fachliche Förderung hinaus soll sich die Führungskraft vor allem bei jüngeren Mitarbeitern bemühen, zur Entwicklung der Persönlichkeit – auch der Führungsfähigkeit – beizutragen. Am wirkungsvollsten ist es, wenn die Führungskraft Vorbild ist.

– Führungskräfte tragen gegenüber Mitarbeitern soziale Verantwortung. Sie sollen ihnen auch in persönlichen Notlagen helfen und beistehen.

– Soziales und politisches Engagement der Mitarbeiter auf der Grundlage unserer Verfassung verdient Unterstützung.

5. Erwartungen an Führungskräfte und Mitarbeiter

In der betrieblichen und gesellschaftlichen Wirklichkeit wird es die ideale Führungskraft ebensowenig geben wie den idealen Mitarbeiter. Gerade deswegen ist jedoch das Bemühen der Führungskräfte und der Mitarbeiter von besonderer Wichtigkeit, in fairer Zusammenarbeit ihren Aufgaben und der damit verbundenen Verantwortung gerecht zu werden.

Schwierigkeiten entstehen immer, wenn es an der Bereitschaft zur Zusammenarbeit und Mitverantwortung mangelt.

Darum sind wir alle aufgefordert, unseren Willen zur Zusammenarbeit weiterzuentwickeln.

Nur so werden wir unsere Ziele erreichen.

III. Führungsfehler

Ihre eigenen Führungsfehler übersehen die Vorgesetzten sehr häufig. Obwohl heute die Mitarbeiter wesentlich selbstbewußter geworden sind, weisen sie doch noch recht selten ihre Vorgesetzten auf erkannte Führungsschwächen hin. Darum seien hier die gegenwärtig wesentlichsten Führungsmängel angeführt:

1. Befragung von deutschen Führungskräften

Auf die Frage nach den persönlich festgestellten Führungsschwächen ihrer Vorgesetzten anworteten über 500 Führungskräfte (Vorarbeiter, Meister, Gruppenleiter) mit folgender Rangreihe:

Der Vorgesetzte

1. informiert nicht genug,
2. ist nicht entscheidungsfreudig genug,
3. beschäftigt sich mit nebensächlichen Aufgaben,
4. gibt nicht immer klare Anweisungen,
5. ist zu wenig selbstkritisch,
6. läßt seine Mitarbeiter nicht selbständig genug arbeiten,
7. zeigt Mängel bei der Beurteilung seiner Mitarbeiter,
8. arbeitet zu unsystematisch und setzt keine Prioritäten,
9. behandelt seine Mitarbeiter unterschiedlich,
10. setzt sich und seinen Mitarbeitern zu wenig Ziele.

Diese Antworten dürften je nach Mitarbeitergruppe und Aufgabenstellung eine andere Reihenfolge haben. Sie zeigen jedoch gewisse Tendenzen.

2. Internationale Untersuchungen

Eine Reihe von Untersuchungen in verschiedenen Ländern zeigen folgende Schwächen der Führungskräfte auf, die Ansatzpunkte für die Verbesserung des eigenen Verhaltens sein sollten:

- Keine Konzentration auf das Wesentliche
- Vernachlässigte Menschenführung
- Kein Mut zur Übernahme unbeliebter Aufgaben
- Keine Geduld zum Zuhören

– Systemgläubigkeit
– Nichterkennen aller Konsequenzen bei Anweisungen
– Keine Bejahung der Konkurrenz
– Kaum Kreativität und Verbesserungswillen
– Kein Vertrauen in die Mitarbeiter
– Kontaktarmut

3. Ursachen von Pleiten

Nach den Erfahrungen eines Beratungsunternehmens haben die meisten Pleiten folgende Ursachen in der Unternehmensführung

1. Unzureichende Zielorientierung
2. Fehlende Dynamik und Flexibilität
3. Emotionale Entscheidungen
4. Unzureichende Information
5. Unklare Organisation
6. Überholter Führungsstil
7. Fehlende Schulung der Mitarbeiter
8. Ungerechte oder unklare Entlohnungssysteme

Abbildung 23:
Übersicht: Die Beteiligungsrechte des Betriebsrates nach dem Betriebsverfassungsgesetz 1972

Mitwirkung, Mitsprache			Mitbestimmung		
Zusammenarbeit, Überwachung	Information	Beratung, Anhörung	Widerspruch	Zustimmung	Initiative
§ 2 I Vertrauensvolle Zusammenarbeit	§ 80 II Allg. Unterrichtungsrecht	§ 89 Arbeitsschutz	§ 98 II Bestellung von Ausbildern	§ 87 Soziale Angelegenheiten	§ 80 Allg. Antragsrecht
§ 74 I Einigungsbereitschaft	§ 89 II Arbeitsschutz	§ 90 Arbeitsgestaltung	§ 99 Einstellung, Eingruppierung, Versetzung	§ 94 I Personalfragebogen	§ 85 I Abhilfe von Beschwerden
§ 75 I Behandlung nach Recht und Billigkeit	§ 90 Arbeitsgestaltung	§ 92 Personalplanung		§ 94 II Beurteilungswesen	§ 87 Soziale Angelegenheiten
§ 80 I Allgem. Überwachungs- und Förderungsmaßnahmen	§ 92 Personalplanung	§§ 96/97 Berufsbildung		§ 95 I Auswahlrichtlinien	§ 89 Arbeitsschutz
§ 89 I Arbeitsschutz	§ 105 Personalangelegenheiten Leit. Angestellte	§ 102 Kündigung		§ 98 I Berufsbildung	§ 92 II Personalplanung
§ 96 Förderung der Berufsbildung	§ 106 Wirtschaftliche Angelegenheiten	§ 106 Wirtschaftliche Angelegenheiten		§ 103 Kündigung von BR-Mitgliedern	§ 93 Ausschreibung
	§ 108 V Jahresabschluß	§ 111 Betriebsänderung		§ 112 Sozialplan	§ 95 II Auswahlrichtlinien
	§ 111 Betriebsänderung				§ 98 II Abberufung von Ausbildern
					§ 98 III Teilnehmer an Bildungsveranstaltungen
					§ 104 Entfernung von Betriebsstörern
					§ 112 Sozialplan